黑龙江冰雪体育职业学院
北京体育职业学院
联合开发

冰雪运动损伤与防护

臧克成 刘 杨 鹿国晖 主编 杨 涛 高文岳 主审

化学工业出版社
·北京·

《冰雪运动损伤与防护》重点阐述了冰雪运动常见运动损伤的院前急救的相关知识。这一切入点十分新颖，既区别于以往运动损伤相关图书突出院内治疗和运动康复的特点，又很好地突出了实践性和实用性。

《冰雪运动损伤与防护》利用两个章节的篇幅系统介绍了冰雪体育医务监督和综合性冰雪赛事医疗保障工作的相关知识，使学习者在掌握具体急救知识的同时，又对冰雪综合赛事医疗保障的工作职责、工作内容、工作流程等有明晰的认识，更便于工作人员在较短的时间内胜任冰雪赛事的医疗服务保障工作。

《冰雪运动损伤与防护》可供冰雪运动及相关专业的师生教学使用，也可作为运动防护师、急救员考试的参考书，还可以作为广大冰雪运动爱好者、初学者做好自身安全防护、体检健康的指导用书。

图书在版编目（CIP）数据

冰雪运动损伤与防护 / 臧克成，刘杨，鹿国晖主编. —北京：化学工业出版社，2017.11（2023.9重印）

ISBN 978-7-122-30626-5

Ⅰ.①冰… Ⅱ.①臧… ②刘… ③鹿… Ⅲ.①冰上运动-运动性疾病-损伤-防治②雪上运动-运动性疾病-损伤-防治 Ⅳ.①G862②R873

中国版本图书馆CIP数据核字（2017）第227964号

责任编辑：宋　薇　　装帧设计：张　辉
责任校对：王　静

出版发行：化学工业出版社（北京市东城区青年湖南街13号　邮政编码100011）
印　　装：天津盛通数码科技有限公司
710mm×1000mm　1/16　印张8¾　字数188千字　2023年9月北京第1版第5次印刷

购书咨询：010-64518888　　售后服务：010-64518899
网　　址：http://www.cip.com.cn
凡购买本书，如有缺损质量问题，本社销售中心负责调换。

定　　价：68.00元

编写委员会

主　编　臧克成　刘　杨　鹿国晖

副主编　李建亚　李兆鹏

主　审　杨　涛　高文岳

编　委　李维江　唐　飞　宋晓光　刁钰子　郭　旸　孙鹏堂
解　犁　王宇红　刘冠男　安　雪　孙艺宁　刘海平
王　良　牛海亮　张敬哲　张　森　张书筠　张　浩

前言

近年来，我国冰雪运动快速发展，特别是2022年北京冬奥会的成功申办，为冰雪运动繁荣发展带来了重大机遇。习近平总书记在党的十九大报告中明确提出“广泛开展全民健身活动，加快推进体育强国建设，筹办好北京冬奥会、冬残奥会”的要求，为大力发展冰雪运动，全力培养冰雪人才指明了方向。

高等职业院校是我国冬季体育运动应用型人才培养的主力军。黑龙江冰雪体育职业学院和北京体育职业学院的冬季运动专业分别从2015年、2016年开始首招新生。为了更好地贯彻落实国家体育总局发布的《冰雪运动发展规划（2016 ～ 2025）》，进一步适应当前高等职业教育和教学改革的需要，做好冬季运动专业的教材建设工作，两校共同编写了《冰雪运动损伤与预防》。

“冰雪运动常见损伤预防和院前急救”是为学生掌握冰雪运动防护、急救基本技能，拓展就业空间的一门应用课程，主要任务是熟悉、了解运动损伤的概念、分类；掌握冰雪运动常见运动损伤的院前急救技术；并通过所学知识和技能对危重伤病员进行应急处置；了解并熟悉冰雪运动医务监督工作和综合性冰雪运动赛事的医疗保障工作。《冰雪运动损伤与预防》的出版，弥补了目前这门课程尚无高职院校学生适用教材的空白。

《冰雪运动损伤与防护》共有六章，第一章为冰雪运动常见的运动损伤概述，主要阐述冰雪项目运动损伤的简介、分类、特点及流行病学分析；第二章为冰雪项目发生运动损伤的常见原因和预防措施；第三章为冰雪运动项目运动损伤的院前急救，主要阐述院前急救的意义、急救检伤的方法、急救工作的主要内容和基本技术以及常见冰雪运动损伤的应急处置措施；第四章为危重伤病员的应急处置，主要阐述心肺复苏的操作方法以及颅脑损伤和创伤性休克的应急处置；第五章为冰雪体育运动医务监督，主要阐述医务监督工作的工作内容、工作职责和特殊医学问题；第六章为冰雪运动综合性赛事的医疗保障运行，主要阐述医疗卫生保障团队的工作流程、工作预案和组织方法。

《冰雪运动损伤与防护》可供冰雪运动及相关专业的师生教学使用，也可作为运动防护师、急救员考试的参考书，还可以作为广大冰雪运动爱好者、初学者做好自身安全防护、体验健康的指导用书。

限于编写时间和精力，若有疏漏之处，望各位专家及读者斧正。

《冰雪运动损伤与预防》编写组

2018年1月

目录

第一章 冰雪运动常见的运动损伤

第一节　冬季奥运会运动项目及其易发运动损伤

冰雪运动形式多样，内容丰富，又不失娱乐、健身、竞技等功能，尤其在欧美等地广泛开展。近年来，随着我国人民运动观念的多元化，冰雪运动的时空限制逐渐缩小。恰逢北京成功获得2022年第25届冬季奥林匹克运动会的举办权，对我国冰雪运动的发展更是产生了极大的促进作用，越来越多的人参与到这项运动中来，使冰雪运动真正成为一项世界性运动。

2014年在俄罗斯索契举办的第23届冬奥会中，共设有15个大项，98个小项。2018年在韩国平昌举办的第24届冬奥会中，新增冰壶混合双人赛、速滑集体出发的男女项目、高山滑雪混合团体赛、单板滑雪大跳台的男女项目6个小项，取消单板滑雪平行回转的男女项目2个小项，金牌总数为102枚，冬奥会历史上金牌总数首次突破100枚。

冰雪运动虽独具魅力，但其可能带来的运动损伤也要引起我们的重视，不要让运动损伤影响了运动的乐趣和锻炼的效果，冰雪运动的危险系数丝毫不逊于散打、拳击等强对抗项目，堪称“刀尖上的舞蹈”。追踪近年来国内外冰雪运动中发生的意外伤害事故及对冰雪运动损伤的研究可看出，与夏季运动项目多数伤病是关节扭伤、肌肉拉伤等不同，冬季冰雪运动由于是在冰雪上高速进行，运动员的损伤往往更加严重，有时虽然运动员“全副武装”，仍难避危险。因此，我们有必要切实提高安全意识，做好充分的准备和预防措施。

目前冰雪运动的运动伤病问题已成为影响运动训练和运动成绩的重要因素。运动损伤的发生不仅影响运动员正常的训练和比赛，造成身体上的伤害，而且还会从心理上影响运动员的意志品质，甚至影响对该项目的运动兴趣，阻碍该项运动的长远发展。

一、冰上运动项目

（一）冰壶

冰壶（Curling）是以队为单位在冰上进行的一种推滑冰壶的竞赛项目。这项运动起源于苏格兰，1924～1992年6次被列为冬奥会表演项目。1998年起列为冬奥会正式比赛项目。

在冰壶运动中，运动员常发生腕部损伤、肩袖损伤、急性腰扭伤、腰背部筋膜炎或肌肉劳损、髌骨软骨病及髌腱末端病等慢性劳损性损伤。

（二）冰球

冰球（Ice Hockey）可以看作是曲棍球的冰上版本，也有人称其为“冰上曲棍球”。冰球运动要求参与者具备较高的滑冰技巧和一定的曲棍球技术，同时也是一项对抗性较强的集体冰上运动，对身体的灵敏性和对抗性要求较高，极具观赏性，在北美等地深受人们喜爱。

冰球运动员经常由于疲劳、带伤训练、身体局部负担过重、意外摔伤、撞伤等原因造成脑部损伤、肱骨外上髁炎、膝关节创伤性滑膜炎、内外侧副韧带、交叉韧带、半月板或髌骨的损伤、腰部扭伤、腰肌劳损以及踝关节韧带扭伤等。

（三）花样滑冰

花样滑冰（Figure Skating）是指在音乐伴奏下，在冰面上滑出各种图案、表演各种技巧和舞蹈动作，是技巧与艺术性相结合的一个冰上运动项目。国际滑冰联盟规定的比赛项目有单人花样滑冰、双人花样滑冰和冰上舞蹈3个项目。

花样滑冰运动中运动员经常发生足、踝、膝、躯干、上肢等部位的损伤，以腰肌劳损、膝侧副韧带和半月板损伤、踝关节韧带损伤及跟腱炎、跖骨疲劳性骨折等最为多见。

（四）速度滑冰

速度滑冰（Speed Skating）简称速滑，是滑冰运动中历史最为悠久，开展最为广泛的项目。1763年2月4日在英国首次举行15km速度滑冰赛。1889年在荷兰的阿

姆斯特丹首次举办世界冠军赛。比赛在周长400m的跑道上进行，选手按逆时针方向滑行。跑道由两条直线和两条180°的弧线连接而成，分内、外两道，道宽5米。所有比赛都是两名选手同时进行，比赛滑行速度，每滑一圈交换一次内、外滑道。男、女速滑分别于1924年、1960年被列为冬奥会比赛项目。

速度滑冰运动在滑行过程中对腰部和膝、踝关节产生的负荷非常大，经常发生以上部位的损伤。

（五）短道速滑

短道速滑（Short Track Speed Skating）的比赛场地大小为30m×60m，跑道每圈的长度为111.12m。短道速滑19世纪80年代起源于加拿大，当时一些速度滑冰爱好者常到室内冰球场上练习，随之产生了室内速度滑冰的比赛，20世纪初，这项比赛逐渐在欧美等国家广泛开展。1992年被列为冬奥会比赛项目。

短道速滑运动运动员之间经常互相干扰或身体接触发生碰撞、摔倒，导致伤害事故时有发生，轻者扭伤、挫伤，重者出现骨折或切割伤，甚至致残或致死。

（六）俯式冰橇

俯式冰橇（Skeleton）又称钢架雪车，由于这种雪车的造型类似人体的骨架，也称骨架雪车。该项运动19世纪起源于瑞士山区的小城圣莫里茨，有可能是第一项滑溜项目。第一次的钢架雪车比赛在1884年举行，参赛者从圣莫里茨到塞勒里那在结冰的道路上举行比赛，获胜者得到一瓶香槟当做奖赏。1887年开始出现类似现在这种俯卧式的雪橇姿势，1892年正式定名为Skeleton，此项目为1928年瑞士圣莫里茨奥运会的比赛项目。

俯式冰橇运动的运动员俯卧在冰橇上，头朝前脚在后，要求所有参赛的选手必须佩戴全罩式安全帽，以维护颈部以上的安全。该项运动的滑行速度非常快，最高时速可以达到135km/h，且冰橇没有制动系统，危险性极高，常出现重大伤亡事故，于冬季奥运会历史上，曾多次被取消，直到2002年的盐湖城冬奥会，才又再度成为冬奥会的比赛项目。

二、雪上运动项目

（一）高山滑雪

高山滑雪（Alpine Skiing）发源自阿尔卑斯山等地，因此又称“阿尔卑斯滑雪”或“山地滑雪”。奥运会设10个小项，男女各5项。该项运动将速度与技巧完美地结合在一起，运动员在由高处向低处的滑降运动过程中通过左右盘旋、停止、跳跃等各种技巧自由地改变方向，有效地控制速度，将健美与优雅融于一体，粗犷中不失儒雅，所以，一直深受广大观众的欢迎。

高山滑雪运动常造成腰背部的肌肉损伤和膝关节创伤性滑膜炎、半月板及关节软骨损伤、踝关节韧带损伤。

（二）现代冬季两项

现代冬季两项（Biathlon）起源于挪威，与人们在冬季狩猎活动有关，是越野滑雪和射击相结合的运动。它要求运动员身背专用小口径步枪，每滑行一段距离进行一次射击，成绩的计算是越野滑雪的全程时间加被罚的时间，合计为总成绩。1960年第8届冬奥会将这一项目改称冬季两项并列为正式比赛。1992年第16届冬奥会增设女子比赛。

（三）跳台滑雪

跳台滑雪（Ski Jumping）简称跳雪，是勇敢者的运动，也是危险系数最高的运动之一。相传是古时的挪威统治者用来处罚犯人的一种极端残酷的刑罚。后来，这种跳下滑雪的动作就逐渐演变成现代的跳雪运动。

跳台滑雪运动中经常发生腰背部肌肉损伤、椎板骨折、膝踝关节的急慢性损伤。

（四）越野滑雪

越野滑雪（Cross-country Skiing）起源于北欧，又称北欧滑雪，是世界运动史上最古老的运动项目之一。它是借助滑雪用具，运用登山、滑降、转弯、滑行等基本技术，滑行于山丘雪原的运动项目。比赛线路是上坡、下坡和平地各约占1/3。1924年首次列入冬季奥运会比赛项目。

越野滑雪运动员常发生腰背部筋膜炎、髌骨软骨病、髌腱末端病等慢性劳损。

（五）无舵雪橇和有舵雪橇

无舵雪橇（Luge）又称为“平底雪橇”“仰式雪橇”“运动雪橇”以及“短雪橇”。它是一种由单人或双人仰面躺在雪橇上，双脚在前，通过变换身体姿势来操纵雪橇高速回转滑降的运动。

有舵雪橇也称雪车（Bobsleigh），用金属制成，形如小舟，车首覆有流线型罩，因此也得名“雪地之舟”。车底前部是一对舵板，上与方向盘相接，车底后部为一

对固定平行滑板，车尾装有制动器。前座的人掌舵，最后座的人负责制动。现今冬奥会雪车比赛项目是原来的有舵雪橇与平底雪橇项目。

由于雪橇运动滑道复杂，转弯多，场地落差大，滑降速度不断增大，常于滑行过程中操控不当或失去控制，发生出辙、翻车等事故，易撞击头部或胸腹部，引起重大伤害，在冬奥史上已有4名运动员殒命。

（六）北欧两项

北欧两项（Nordic Combined）起源于北欧，是北欧几个国家的体育强项，由越野滑雪和跳台滑雪组成，在挪威、瑞典流传很长时间，成为北欧的传统项目，故又称北欧全能。第一届冬季奥运会将北欧两项列为比赛项目。北欧斯堪的那维亚半岛地区冬季雪多，适于开展滑雪运动，但因缺乏高山，高山滑雪不够普及和发达，而越野滑雪和跳台滑雪却得到较好的开展。于是出现了既要求越野滑得快，又要求跳雪跳得远的北欧两项比赛项目，这项运动要求运动员同时掌握两个项目的技术特点，既需要有跳台滑雪“准确的技术动作”，又需要有越野滑雪的“体能”。

（七）自由式滑雪

自由式滑雪（Freestyle Skiing）于1960年代在美国诞生，当时的美国正处于一个变革的时期，人们渴望自由的心理促使这项全新的刺激的滑雪项目出现在人们面前。此项目最初只是将高山滑雪和杂技集于一身，经过最近几十年的发展，变成了今天的样子。

自由式滑雪运动员常发生脑震荡、膝关节内侧副韧带损伤、腰背部肌肉筋膜炎、腰骶或骶髂关节炎、腰椎间盘突出症、膝关节交叉韧带及半月板损伤、伸膝装置慢性劳损、胫骨疲劳性骨膜炎、踝关节骨关节病、踝关节侧副韧带损伤等。

（八）单板滑雪

单板滑雪（Snowboard）又称滑板滑雪，源于20世纪60年代中期的美国，其产生是受冲浪运动启发，所以也被称为冬季的冲浪运动。有关研究显示，该项目的运动员损伤部位大多集中在上肢，其中以腕部损伤最为常见，如桡骨远端骨折，腕部骨折；肩关节损伤有肩关节前脱位、锁骨骨折、肩锁关节脱位、肱骨上端骨折、肩袖损伤；意外摔伤经常导致脑震荡及颈椎损伤。还经常发生单板滑雪特有的距骨外侧突的骨折，而被定义为“单板踝”。

第二节 冰雪运动项目运动损伤特点及流行病学分析

任何运动都具有一定的危险性，均有可能引起身体损伤，冰雪运动也不例外。虽然目前缺少对较大基数的普通冰雪运动参与者的损伤跟踪调查统计，但对冰雪运动员的一些损伤调查研究可以作为普通冰雪运动爱好者和参与者的参考。冰雪运动项目大多数属于技能型竞速项目，在训练和比赛中，运动员常出现损伤事故。运动损伤的高发率不仅影响运动员的训练和比赛，造成身体上的伤害，还直接影响到冰雪项目运动员的运动寿命和优异成绩的创造。另外运动损伤还会从心理上影响运动员的意志品质，甚至于影响运动员对该项目的运动兴趣，这对冰雪项目的训练和比赛造成很大的威胁，阻碍了冰雪项目的长远发展。

目前，冰雪项目运动员的伤病问题已成为困扰运动训练和影响运动成绩的重要原因之一。通过对冰雪项目运动员运动损伤流行病学及致病原因进行探究与分析，可以进一步探索、预防、治疗和降低运动损伤的发生，以最大限度减少运动损伤对运动员的危害，为冰雪项目的可持续发展提供理论依据。

一、冰雪运动项目发生运动损伤的项目特征

冰雪运动在运动训练和比赛时，除冰壶运动外，均具有较高比率的运动损伤发生率。

冰雪运动中冰球运动发生运动损伤的频率最高。冰球运动是一项强度大、速度快、难度高并且身体接触频繁的高对抗性冰雪运动，它对运动员的全身肌肉力量、协调性、柔韧性的要求都非常高，冰球运动员若基本技术不够扎实，身体素质不够完备，在完成难度较大的技术动作或身体发生碰撞时，就有可能发生运动损伤。在高速移动中进行对抗性拼抢时经常出现运动员违反规则，非合理冲撞、或将运动员挤压在板墙上，或用球杆碰撞、或被摔撞在冰上、绊、勾等情况而受伤，其中以摔伤、撞伤为主。有调查显示，该项目的专业运动员损伤主要集中在腰、膝、踝等部位；损伤原因多见于疲劳、带伤训练、意外伤、身体局部负担过重等，这与冰球运动的技术动作特点有关。运动员长期反复在肘关节屈曲状态下用力挥拍击球，易患肱骨外上髁炎。滑行中经常受到阻截而压步转弯滑行、急停使脊柱屈伸与旋转的动作特别多，腰部负担过重，受伤机会增多。同时，在滑行中追球转向或急停转身以及其他运动员的侧向撞击，使膝关节过度收展与旋转、扭转可能导致内外侧副韧带、交叉韧带、半月板或髌骨的损伤。踝关节扭伤多因滑行中下肢力量分配不均使身体失去重心而导致。

速度滑冰和短道速滑运动较高的运动损伤发生率主要也与项目特点有关。速度滑冰运动要求运动员通过有规律的移动身体重心、蹬冰、收腿、支撑体重，以最快速度完成滑跑规定的距离，它要求运动员要具有较强的耐力、速度和较高的平衡能力。根据这项运动的技术特点，运动员在滑行过程中要求腰部屈曲前倾，上体前屈至水平位置，主要由腰部来保持身体平衡，髋关节深屈，膝关节在90°～110°范围内扭转和屈伸位发力，踝在穿戴冰刀的情况下，小腿前侧与脚面成50°～70°角，支持身体保持平衡，这种姿势对腰部和膝关节、踝关节产生的负荷非常大，长时间保持这种特定的姿势训练，逐渐积累，容易导致腰肌劳损和髌骨劳损等。另外，速度滑冰项目滑行速度较快，运动员在进、出弯道时由于惯性作用、犯规或他人的干扰等发生冲撞时，身体极易失去平衡导致摔倒受伤，这也是该项运动损伤发生率较高的原因之一。短道速滑运动对弯道技术的要求非常高，弯道滑行时运动员的身体几乎可以贴到冰面上，但是由于速度特别快，直道特别短，几乎直道的时候也只是身体重心交换两次就进入了下一个弯道。滑行时运动员之间距离小，相互超越或双方为争抢有利滑行位置时，犯规现象频繁，容易互相干扰或身体接触碰撞摔倒发生意外。近年来，在国内外重大短道速滑比赛中频繁出现伤害事故，轻者扭伤、挫伤，重者骨折或切割伤，甚至致残或致死。

花样滑冰项目由于技术动作极其复杂而多变，其运动损伤高发率也主要与专项动作结构要求有关，此项运动引起的损伤主要集中在足、踝、膝、躯干、上肢等部位，以下肢居多，膝关节为损伤发生率最高的部位。从损伤机制看，冰鞋与足部损伤息息相关，花样滑冰冰鞋的特点是鞋跟略高，使运动员的脚能够小角度跖屈，同时拇指抵在冰刀的前面，更加便于高难度动作的完成，但是这种设计往往会加重跖骨的损伤。运动中的踏跳或点冰等动作会增大前足所受负荷，久而久之会引起骨骼形变或骨折。研究显示，花样滑冰青少年运动员的踝关节损伤广泛存在，而踝关节外侧的韧带拉伤是花样滑冰运动员中最常见的急性损伤。仅从运动解剖学角度来看，踝关节就非常容易受到损伤。当足处于背屈位时，较宽的距骨前部进入踝穴内，关节稳定；但在跖屈时，较窄的距骨后部进入踝穴内，踝关节松动且能围绕额状轴运动，又由于有些肌肉力量和耐力相对薄弱，踝关节稳定性差，一些高难度的旋转、跳跃动作会大大加剧踝关节的负担，容易发生距腓前韧带及跟腓韧带的撕裂。在花样滑冰运动中膝关节有着极其重要的发力、缓冲作用。当运动员进行滑行、旋转和跳跃等动作时，膝关节通常保持在120°～170°范围内，反复屈伸、扭转，从而引起髌骨与股骨关节面之间产生巨大的应力，髌骨常偏离原轨迹运动，长此以往会导致髌骨发生病变，并可能出现疲劳性或应力性骨折，发作时产生剧烈痛感。髌骨软骨病是髌骨上下极长期受过度张力或是压力而致的骨软骨病。在起跳或跳跃后落地时股四头肌的强力收缩，会在髌腱处产生巨大的张力，当应变程度超过机体承受限度，会表现出由反复牵拉导致损伤，引起该处的慢性炎症。同时，在滑行、跳跃、旋转及屈伸等动作中，体重和外部的力集中作用在腰部，但是其前方为松弛的腹腔结构，主要通过肌肉和韧带结构维持腰部的稳定和身体的位置，缺乏其他骨性结构予以保护，使腰部成为受损部位。在运动过程中运动员摔倒是极为正常的现象，膝关节的挫伤、撞伤等急性损伤最为普遍。

相比之下，冰壶运动员运动损伤发生率最低，这主要也与项目特点有关。冰壶运动员在训练和比赛时没有任何对抗性的身体接触，对运动员的体能没有过高的要求。一般认为此项目不易导致运动损伤的发生，但从该项目特殊的技术动作与相对固定的身体姿势来看，由于身体相关部位的过度使用而导致局部静力性和劳损性损伤的可能性还是比较大的，主要为腰背部、肩部、腕部及膝部的慢性劳损性损伤。国内外调查显示，扫冰和投壶是最易引发冰壶运动员运动损伤的技术动作，膝关节、背部和肩关节是伤病发生率最高的部位。扫冰时要求运动员腕关节弯曲紧握扫冰刷，腕部反复屈伸与扭转，肩部带动上臂、前臂持续运动，这易使肩部、前臂、腕关节过度使用；同时为保持在冰上的平衡，上体需持续前倾，加重了腰背部肌肉的负担而易出现劳损。由于冰壶重量接近20kg，传统的投壶技术是提壶前后摆动之后，借助惯性将冰壶放置于冰面上同时前推使其滑动，这种投掷技术对肩部力量要求较高，运动员常出现肩部、背部肌肉疼痛，女运动员往往因肩部力量不足难以完成投壶动作。目前广为使用的“非摆动投壶技术”是运动员利用脚蹬起踏器滑行推动冰壶前行，这种技术动作肩部和背部的负荷相对较小，是较为理想的投壶方法，可减少肩袖损伤的发生，但仍需进一步改进。投壶过程中要求髋关节过度屈曲和膝关节屈曲且外展的姿势，这对髋关节和膝关节的负荷很大，过度的屈曲使股四头肌牵拉髌腱力量增加，易引发髌腱末端病。

除冰上项目外，雪上项目运动员运动损伤也具有较高发生率，它主要与以下几个因素有关。首先，雪上运动项目对运动员身体素质要求非常高，滑雪项目的特点是助滑速度快，连接技术强，所以需要很好的肌肉力量来控制完成滑雪动作的整个过程。另外，运动员要做出优美流畅的动作，顺利的滑降和制动，也需要身体各个关节的协调配合，这要求运动员具有良好的身体柔韧性。如果运动员身体的协调性、力量素质和柔韧性不能适应专项的需要，再加上有些运动员身体训练手段比较单一，缺乏合理的训练方法，身体素质得不到良好的、有效的发展，就常会导致运动损伤发生。其次，运动员要经常进行高难度专项训练，特别是自由式滑雪和单板

滑雪项目，要在空中做技巧类翻腾动作，使得危险性增强；高山滑雪运动由高处向低处的快速滑降中通过转弯、停止、跳跃等各种技巧自由改变方向，以有效控制速度，该项运动对运动员的转弯技术要求非常高，膝关节在屈伸摆动中滑行，极大地增加了膝关节损伤的发生率。越野滑雪运动要求运动员要有良好的体能，滑行中腰、膝的大幅度屈、伸活动，腰部肌肉承受不断的负荷，髌骨软骨不断受到摩擦和挤压，髌腱附着点反复被牵拉，使腰部和膝关节成为本项运动最易损伤的部位。跳台滑雪、无舵雪橇、有舵雪橇以及俯式冰橇运动由于场地条件复杂特殊、落差大、滑降速度非常快，均要求运动员必须做出精准的技术动作，均是危险系数极高的运动，易发生重大伤亡事故，也可以说是勇敢者的运动。

近年来，由于冰雪运动项目又不断向难、新、高动作挑战，专项动作技术越来越复杂，危险性也就越来越突出，导致运动损伤发生率有所增高。

二、不同冰雪项目运动员发生运动损伤的部位和类型特征

研究发现，冰雪项目运动员腰背部、膝关节、踝关节、大腿、小腿发生运动损伤的概率最高。就冰雪运动项目而言，运动技术内容较多、难度较大，战术内容复杂多变，临场变化复杂，比赛的偶然性和随机性较大。冰雪运动项目的这些特点迫使运动员常年进行单一的训练且专项动作训练较多，局部负荷过重，且大多集中在踝、膝和脊椎腰段部位，这些器官又都比较薄弱，常年训练破坏了这些部位协调发展和力量的比例关系，易造成踝关节、膝关节损伤和腰肌劳损等伤病的发生。经调查发现，冰雪项目运动员腰背部和大腿、小腿发生的运动损伤主要是肌肉拉伤、慢性劳损和韧带拉伤等。在训练和比赛时，运动员身体常处于低温环境状态下，肌肉僵化的速度相对较快，在这种情况下，当肌肉做主动的猛烈收缩，或肌肉用力牵伸时，其力量超出了肌肉本身所能承担的极限或超过了肌肉本身特有的伸展程度，从而容易造成肌肉拉伤。有时除肌肉组织本身外，还往往损伤肌肉周围的辅助组织，如腰背肌、斜方肌、腹直肌、腘绳肌、小腿三头肌、筋膜、腱鞘等。冰雪项目运动员膝关节、踝关节运动损伤高的发生率也主要与结构的解剖薄弱特点有关，由于膝关节、踝关节部位血管和肌肉较少，基本上都是关节软骨和韧带组织等，相对容易产生疲劳，训练后恢复得也较慢，因此容易发生运动损伤。

在冰雪运动项目运动损伤类型中，扭伤所占比率最高，其次是擦伤、挫伤、摔伤及撞伤。摔伤及撞伤也是造成冰雪项目运动员身体擦伤、扭挫伤的主要原因。扭、挫伤多发生在腕、肘、踝、膝关节部位。冰雪项目运动损伤类型也主要与冰雪运动项目特点有关。冰上项目运动员在快速滑跑中，要完成蹬冰、下刀、身体重心

的转移以及平衡等技术动作，尤其在滑行中，由于各种原因引起的意外摔倒和冲撞等事故，极易引起摔伤及撞伤的发生。雪上项目运动员在做跳跃或旋转类动作时，在起飞或落地时，或滑行过程中遇到坚硬的雪面或冰面、岩石或树木以及恶劣气象因素时极易发生撞伤或摔伤。对于冰雪项目运动员来说，由于外界温度较低，不注意保暖等原因致使血液运行不畅，易导致冻伤，冻伤主要集中于面部、手部和脚部等暴露部位和肢体末端。

据有关研究显示，冰球、速度滑冰、花样滑冰、自由式滑雪等运动员在冰雪运动各项目中有较高的损伤发生率；膝关节、踝关节和大腿、小腿以及腰背部为主要受伤部位；运动损伤类型较为多样，常见的主要是关节扭伤、皮肤擦伤、挫伤、身体个别部位摔伤及撞伤；导致损伤的主要因素为对抗激烈、不合理冲撞、疲劳、自我保护意识缺乏及动作技术失误等。由于雪橇、雪车运动场地落差大，滑降速度不断增大，常于滑行过程中操控不当或失去控制，发生出辙、翻车等事故，易撞击头部或胸腹及脊柱产生损伤。

研究还显示，花样滑冰、自由式滑雪空中技巧、速度滑冰等运动项目的运动员颈椎病的患病率也明显高于其他项目的专业运动员群体，这与这些运动项目的特点和长时间超负荷的训练有关。

三、冰雪运动中的重大损伤

冰雪运动中的重大损伤主要是指头部和脊髓以及胸腹腔脏器的损伤。虽然在初学者身上很少发生，但这些损伤后果的严重性不言而喻。有关研究显示，冰球、高山滑雪、跳台滑雪、雪橇、雪车等运动的脊髓损伤和头部及胸腹腔脏器损伤的发生率是比较高的。

国外对冰雪运动项目受伤致死的病例研究发现，脑部的挫裂伤为致死的最主要原因。据统计，头部受伤的患者以年轻男性居多，并且大部分为初学者。所有头部损伤中脑震荡所占比例最高（69.7%），其次为硬脑膜下水肿。对于高水平选手来说，一些高危险动作的失误，如跳跃、空翻等动作，也是导致头部损伤的主要原因。

第三节　冰雪运动项目运动损伤的分类

一、运动损伤的概念

人体在体育运动过程中所发生的损伤，称为运动损伤。运动损伤不同于一般的

工作或日常生活中的损伤，它多与体育运动项目及技术、战术动作特点密切相关，为此，常有些运动损伤以运动项目冠名，如“单板踝”“跳跃膝”等。运动损伤也常与运动训练水平、运动环境与条件等因素有关。研究、总结运动损伤发生的原因、规律、治疗效果、康复时间等问题，不仅可以有效防治运动损伤，也为改善运动条件、改进教学和训练方法、提高运动成绩提供科学依据和实践指导。

二、运动损伤的分类

1. 按受损伤的组织结构分类

（1）软组织损伤：皮肤、肌肉、肌腱、腱鞘、韧带、滑囊、心血管。

（2）关节软骨损伤：关节软骨、骨骺软骨、创伤性骨关节病。

（3）骨组织损伤：骨折、骨软骨炎。

（4）关节稳定结构损伤：动力性结构：关节周围肌肉损伤；静力性结构：韧带的损伤。

（5）神经组织损伤：周围神经组织损伤。

（6）其他损伤：感觉器官、内脏损伤。

2. 按伤后皮肤、黏膜是否完整分类

（1）开放性损伤：伤后皮肤或黏膜的完整性遭到破坏，受伤组织与外界相通。如擦伤、刺伤、切割伤、撕裂伤及开放性骨折等。

（2）闭合性损伤：伤后皮肤或黏膜仍保持完整，受伤组织无裂口与体表相通，如挫伤、关节韧带扭伤、肌肉拉伤、闭合性骨折等。

3. 按损伤后运动能力的丧失程度分类

（1）轻度伤：受伤后仍能进行体育活动或训练，仅运动时引起痛苦。

（2）中度伤：受伤后短时间内不能按体育教学要求从事体育活动或需停止患部练习或减少患部活动，需要进行门诊治疗。

（3）重度伤：受伤后完全不能从事体育活动或训练，需住院治疗。

有很多损伤并不妨碍日常生活，平时无症状或症状不明显，但运动时症状出现或加重，会影响康复和运动成绩。

4. 按损伤的病程分类

（1）急性损伤：直接或间接力量一次作用而致伤，伤后症状迅速出现，病程一般较短。

（2）慢性损伤：按病因又可分为陈旧伤和过劳损伤两类。陈旧伤是急性损伤

后因处理不当而致反复发作的损伤。过劳损伤是由于局部运动负荷量安排不当，长期负担过重，超出了组织所能承受的能力，局部过劳致伤，症状出现缓慢，病程较长。

5. 按和运动技术与训练的关系分类

（1）运动技术伤：与运动项目、技术战术动作密切相关的损伤，如单板踝、投掷肘、跳跃膝等，多为局部组织过劳伤。此类损伤也有少数急性伤，如花样滑冰中的踝关节韧带撕裂，滑雪运动中膝关节韧带损伤以及冰球运动中常见的肩袖损伤等。

（2）非运动技术伤：多为运动中意外伤，有的与运动项目有关。如挫伤、骨折、脑损伤、内脏损伤等。

6. 按损伤的原因及过程分类

（1）原发性运动损伤：指运动直接造成的损伤。如，腾空落在不平的场地时，造成踝关节扭伤。

（2）继发性运动损伤：指原发性损伤未得到妥善处理而引发的损伤。包括两方面情况：一种是原发伤害没有处理或处理不当而伤上加伤；另一种是忽视治疗、康复和体能的调整，因保护性代偿动作而诱发的新问题。如，左踝扭伤后，将重心移至右脚，之后右膝负荷过大而出现症状，久之，腰部受力亦发生改变。

第二章 冰雪运动项目发生运动损伤的常见原因和预防措施

体育运动中的损伤有些是单次暴力所致，也有很多是由多次微小的累积劳损造成的。对待运动损伤，一方面要重视，另一方面要正确对待，不能因为可能发生或发生了一些损伤就谨小慎微，甚至停止训练。在体育锻炼中，我们提倡严格遵守运动训练的科学规律，积极采取相应的手段，切实有效的预防和避免运动损伤。

冰雪体育运动中引起运动损伤的原因比较多，归纳起来可与下列因素有关，要求体育运动的组织者和参与者必须加以注意。

一、思想上不够重视

运动损伤的发生，常与体育教师、教练员和体育锻炼者、运动员对预防运动损伤的意义认识不足，思想上麻痹大意及缺乏预防知识有关。

因此，我们要注意对体育运动从业者加强防伤观念的教育，在教学、训练和比赛中，认真贯彻“预防为主”的方针。有目的的对体育锻炼者、学生和运动员进行严格的管理和必要的相关知识培训，使之逐渐培养出良好的体育道德风尚和运动习惯。

二、身体功能和心理状态不良

体育锻炼者的心理状态和身体功能与运动损伤的发生有着一定的关系，如睡眠或休息不好、心情不好、情绪低落或急躁，缺乏锻炼的积极性或急于求成、胆怯、犹豫以及在患病受伤、伤病初愈阶段或疲劳等情况时，人体的肌肉力量、动作的准确性和身体的协调性会显著下降，警觉性和注意力减退，反应较迟钝，此时参加剧烈运动或练习较难的动作，就可能发生运动损伤。

三、组织管理方法不当

在体育训练中，不遵守循序渐进、系统性和个别对待的原则，以及比赛的年龄分组等原则；在组织方法方面，如参与人数过多，教练员又缺乏正确的示范和耐心细致的教导，运动员缺乏保护和自我保护，组织性纪律性较差，以及比赛日程安排、场地管理组织不当等，都可能成为运动损伤发生的原因。

尤其是是对冰雪体育运动，我们的监管部门更要对场馆进行有效的监督管理，做好安全防范措施，场馆部门要合理组织工作，严格控制滑行密度，事先做好线路和危险地带、特殊路段的标识提醒，要求参与者必须严格遵守滑行规则。

四、科学规范的制定运动计划，合理安排教学、训练和比赛

在进行体育运动时必须遵循循序渐进和个别对待的训练原则，要加强基本技术动作的学习训练，教练员在教学中要对新技术动作进行认真讲解、正确示范，使运动员对技术动作有一个完整概念，便于学习掌握。学习技术动作应从易到难，由简单到复杂，从分解动作到整体动作来进行，逐渐提高运动能力以适应运动负荷的需要。体育运动都是由肌肉、骨骼及关节共同协调完成的。人体关节的稳定有赖于肌肉的收缩，而肌肉收缩强度和时间是有限度的。运动时间过长，会使肌肉运动协调性下降，关节不稳，进而导致运动损伤。所以，在运动中应该逐渐增加运动量和运动强度，并最终找到适合自己的运动负荷。

一般人参加体育运动，比较安全的方法是一周2次左右，总计不超过150min的中等量运动，慢慢过渡到最多一周5次，同时要严密观察自己身体的情况，如果出现身体某部位的疼痛或明显不适感就要停止运动，不要试图穿越疼痛阶段和不适感，这样可能会使疼痛由慢性发展到永久的伤病。如果超过24h症状不减轻需要马上寻求医生的帮助。

五、要根据不同运动项目的技术特点选择适合自己的运动项目

每项体育运动都有各自的技术特点，每个人的身体条件各不相同，人体机能也有其自身的发展规律。随着年龄的增长，骨骼的钙质逐渐流失，骨骼的强度下降；韧带中的胶原纤维也会随着年龄的增长，而变得脆弱易断。当人体衰老时，肌肉容积下降，进而引起肌肉力量下降，收缩速度减慢。所以，在运动之前，我们首先要

根据自身的年龄、性别、肌肉力量、关节灵活程度及伤病情况选择适合自己的体育运动项目。如冰球运动强度大、速度快、难度高并且身体接触频繁、对抗激烈，它对运动员的全身肌肉力量、协调性、柔韧性要求都很高，运动员若基本技术不扎实，体能素质不过硬，在完成难度较大的技术动作和身体碰撞时，就可能发生运动损伤。速滑运动中运动员保持腰部屈曲前倾姿势，膝关节在一定屈曲角度范围内扭转和屈伸，通过有规律的移动身体重心、蹬冰、收腿、支撑体重，快速完成滑跑规定的距离，这种姿势下的运动要求运动员要具有较强的耐力、速度和较高的平衡能力，常导致腰部和膝部长时间承受较大负荷，逐渐积累，容易导致该部位发生劳损性伤害。

六、技术动作不够规范

每项运动都有特定的技术动作，我们在学习技术动作时，应先学习简单动作，掌握基本动作后再学习复杂动作。合理的技术动作，是经过长时间经验总结出来的，既可以尽可能地发挥人体的潜能，还能有效保护身体不受伤害。错误的技术动作，违反了人体结构功能的特点及运动时的力学原理而造成损伤，这是刚刚参加运动训练的人或学习新动作时发生损伤的主要原因。这也是为什么经常有人说业余的选手反而比专业的运动员容易受伤的缘故。

参加体育运动时，要使用正确的技术动作。否则，会因为动作不熟练或动作错误导致动作变形不协调，进而增加运动伤害的发生。有调查显示，技术动作不合理导致的运动损伤占35.6%，排在运动损伤原因的第一位。例如，滑冰时因身体的过度扭转而发生的小腿及踝关节骨折；滑雪过程中由于雪板前部交叉引起翻滚而导致的膝关节韧带损伤。

七、身体特定部位运动负荷（尤其是局部负担量）过大

运动损伤发生的部位与运动项目及专项技术特点关系密切，如高山滑雪空中技巧运动员常发生肩、腰、骶尖、跟腱等部位受伤，这与该项目中的转肩、跳跃、翻腾等技术有关；速滑运动员多因髌骨软骨病丧失专项机能。有些时候，由于兴趣或这些运动项目特殊要求等原因，运动员在安排运动负荷时，没有充分考虑到各自的生理特点，总是长时间重复某种运动，身体特定部位的运动负荷超过了可以承受的生理负担量，尤其是局部负担过大，引起微细损伤的积累而发生劳损，这是专项训练中造成运动损伤的主要原因。如就冰雪运动项目而言，运动技术内容较多、难度

较大，战术内容复杂多变，临场变化复杂，比赛的偶然性和机遇性较大，这些特点迫使运动员常年进行单一的训练且专项动作训练较多，局部负荷过重，且大多集中在踝、膝和脊椎腰段部位，这些器官又都比较薄弱，常年训练破坏了这些部位协调发展和力量的比例关系，造成冰雪项目运动员经常发生腰背部、膝、踝、大、小腿的损伤。

人体各个关节在很大程度上都是依赖肌肉、韧带组织以维持稳定。很多临床观察表明：运动疲劳、肌力下降是运动损伤的重要原因。当运动后期，肌力下降，机体对于其运动状态不能作出良好的反应，使得关节失去稳定性，进而导致关节损伤。为了防止这类运动伤害的发生，我们要对运动员做好预防损伤的教育，对容易发生损伤的动作做到心中有数，事先采取相应的措施加强对易伤部位和相对薄弱部位的练习，提高其机能，是预防运动损伤的积极措施。如，为了预防腰部损伤，除应加强腰部肌肉的练习外，还应加强腹肌的练习，因为腰部肌肉受伤，从某种意义上讲与其拮抗的腹肌有关，腹肌力量不足，易使脊柱过度后伸而致腰部受伤。为了预防膝部损伤，就要注意加强股四头肌力量练习，以稳定膝关节。同时，还要注重运动员身体基本素质的锻炼，各种运动形式相互配合，全面加强肌肉力量训练，增加肌肉、韧带的耐受性，更好地保持关节稳定性，提高运动质量和延长运动时间。如，为预防大腿后侧肌群拉伤，在发展其肌肉力量的同时，还应注意加强大腿后肌群的伸展性练习。

八、缺乏合理的准备活动

体育运动中，必须进行必要的、充分的准备活动，其目的是进一步提高中枢神经系统的兴奋性，特别是克服自主神经的惰性，增强各器官系统的功能活动，使人体从相对的静止状态过渡到紧张的运动状态。冰雪项目运动员在训练和比赛前都要进行一些使身体发热、神经系统兴奋的活动，如跑、跳等，然后再做四肢的拉伸和大幅度的关节操等活动，如果准备活动不充分，未能使机体的神经系统、血液循环系统和有关肌肉组织充分动员起来，身体缺乏必要的协调性、灵活性和伸展性，加之进行训练和比赛时操之过急，运动损伤就有可能发生。据国内有关调查资料分析，缺乏准备活动或准备活动不合理，是造成运动损伤的首位或第二位的原因。在准备活动问题上常存在的错误和误区是：

1. 不做准备活动或准备活动不充分

在神经系统和其他各器官、系统的功能活动没有被充分动员起来的情况下，就

投入紧张的复杂的运动。由于肌肉的力量、弹性和伸展性较差，身体缺乏必要的协调性，因而容易发生损伤。在准备活动中要针对容易损伤的肌肉进行适当的力量练习，对于提高肌肉温度，改善肌肉功能很有益处。此外，在准备活动中加入一些肌肉伸展性的练习，对预防肌肉拉伤也有积极作用。

2. 准备活动的内容

准备活动的内容与专项运动的内容结合得不好或缺乏专项准备活动，运动中负担较重部位的功能没有得到充分改善和适应，也容易导致运动损伤。

3. 准备活动的量过大

准备活动的量，一般以身体感到发热、微微出汗为好。有时运动员准备活动的量做得过多、过大，会导致身体出现疲劳，参加正式运动时，身体的机能水平不是处于最佳状态而是有所下降，此时参加剧烈运动很容易发生受伤。

4. 准备活动的强度安排不当

有时运动员过于急躁，开始做准备活动时，用力过猛，速度过快，违反了循序渐进的原则和功能活动的规律，容易引起肌肉拉伤和关节扭伤。

5. 准备活动距专项运动的时间过长

有时，运动员没有掌握好运动训练的节奏，提早做完准备活动，致使准备活动和专项运动的时间间隔过长，准备活动所产生的生理作用已经减弱或消失，相当于准备活动不充分或未做准备活动，建议准备活动结束与专项运动的间隔时间以1～4min为宜。有时因中场休息时间过长而使消退的条件反射性联系得不到及时恢复等情况，也容易引起运动损伤。

九、训练后放松整理活动不充分

在体育运动中，很多人都非常重视基本部分的运动，往往忽视了其后的放松整理活动。运动后没有做好放松整理活动会使训练后肌肉、肌腱、韧带、关节的复原受到影响，对疲劳恢复和接下来的训练非常不利。在体育界有一句话：放松是通往冠军之路的捷径，充分说明了放松整理活动在体育运动中的重要性。

放松整理活动是促进体力和精力恢复的积极性方法，能快速消除运动员在体育运动中产生的“运动状态”。充分的放松整理活动能及时消除全身和局部的疲劳，促使人体从紧张的运动状态逐步过渡到安静状态；能加速下肢血液回流，保证回心血量；能加速乳酸的消除，缓解肌肉酸痛、僵硬和关节的损伤的发生。

放松整理活动的方式要与不同运动项目的基本内容及刚刚结束的运动相衔接，合理安排，才能达到理想的效果，主要采取放松跑和拉伸的方式。

十、比赛或训练中没有选配适宜的运动护具

在体育运动中，经常根据不同运动项目的特点，有针对性的佩带和使用专业的防护用具，能在很大程度上减少和避免运动伤害的发生。如在容易受到损伤的关节处，使用专用关节护具（如护肩、护腰、护膝、护踝等）、肌内效贴布及支持带可以防止关节过伸或过屈及过度扭转造成的损害。

在冰雪体育运动中，也要求使用专业的运动护具。如滑雪运动中头盔、护目镜、护脸、手套等的佩带；滑冰运动中头盔、防切割服等的使用。按照国际滑联规定，短道速滑运动员在参加比赛时，必须要穿着以下防护装备：短道速滑安全头盔、耐切割手套或皮革制成的连指手套、由防割防扎耐用材料制成的护踝、长袖长裤连身服（防切割连身服）、带有软垫的硬壳护膝、能够保护颈部动脉的护颈。这些护具的使用，极大防止了很多严重的运动伤害。

十一、电解质补充不及时

体育运动时，常大量出汗，许多电解质会随汗液排出。这要求运动员要及时补充，否则会发生肌肉痉挛等情况，进而导致运动伤害。比较简便有效的方法就是饮用运动饮料。运动前、运动期间和运动后都应当按照少量多次的原则适量补充水

分，不宜喝可乐、雪碧等碳酸饮料，否则会加剧体液酸化、乳酸堆积，更易产生疲劳感，而且在进行一些持续性的运动时，可乐里的碳酸气还会影响呼吸频率。

十二、运动中动作粗暴或违反运动规则

在训练或比赛中不遵守运动规则，或在教学训练中相互打闹，动作粗野，故意犯规等，这是冰雪体育运动中发生损伤的重要原因。各种运动规则中，很多条文用来防范运动员恶意法规，防止运动伤害的发生。但在很多比项目中运动员身体接触仍较频繁和激烈，如单板滑雪追逐项目中运动员在滑行腾跳过程中经常发生身体接触碰撞，冰球运动中运动员之间的相互冲撞或由于举杆过高导致的其他运动员颜面部损伤等。

因此，在体育运动中为了保护他人，更为了保护自己，运动员必须认真遵守各项运动规则，有效避免和防止相互冲撞或危险动作所带来的伤害。

十三、场地及设施的缺陷

调查显示，有16.98%的运动损伤与场地不合格有关。合格的场地和匹配的器械可以有效保护运动者，并达到运动效果。冰雪运动对场地要求非常严格，如果运动场地设计不合理不规范、冰面雪面不平整、有小碎石或杂物；跑道太硬或太滑；坡度过大或雪质的松软程度不合格等，极容易引起运动员动作失误，导致运动损伤。有些时候场地器械维护不良或年久失修，表面不光滑或有裂缝；器械安装不牢固或安放位置不妥当，器械的高低，大小或重量不符合运动者的年龄、性别等特点；以及运动员对场地情况的熟悉适应程度也与运动损伤的发生有很大关系。

十四、不良气象的影响

冰雪体育运动大多是在低温环境中进行，运动员的肌肉黏滞性较大，或气温过低易发生冻伤，或因肌肉僵硬，身体协调性降低而引起肌肉韧带损伤；如遇风雪天气，光线不足、能见度差等情况会影响视力，使身体兴奋性降低和反应迟钝而易导致受伤。参加冰雪体育运动时必须加强对气候因素的预判措施，适时调整训练和比赛时间及节奏。

十五、医务监督工作不完善

由于冰雪体育运动的特殊性，对运动员和经常参加体育活动的人群，应定期进

行必要的体格检查，以免发生运动伤害。参加重大比赛的前后，更要进行身体补充检查或复查，以观察体育锻炼、比赛前后的身体机能变化。对体检不合格者，则不允许参加比赛。伤病初愈的人参加体育运动或训练时，应取得医生的同意，并做好自我监督。

研究发现，在冰雪体育运动中，动作技术失误和激烈对抗及不合理冲撞造成的运动损伤最多；其次是疲劳和训练、比赛安排不合理导致的运动损伤；初学者由于缺乏自我保护意识而造成的运动损伤也较多；由于天气、场地和准备活动不到位等原因造成的运动损伤所占比率相对较低。冰雪项目运动员受伤级别以中度、轻度损伤较多，重度损伤较少；损伤特征以急性损伤较多，慢性损伤较少。这与其他竞技体育项目运动损伤特点是不相符的，出现这种差异的原因可能与冰雪运动项目本身属性特点有关。

从我国冰雪体育运动的训练和比赛来看，训练的负荷和强度较大，运动员身体负担过重，而在训练中又经常缺少和忽视恢复性训练和措施，这是造成运动员运动损伤发生率较高的重要原因所在。另外，冰雪项目运动员很多缺乏系统训练及体能储备不足，在尚未熟练掌握技术动作要领之前就发展新技术动作，容易导致技术动作失误，从而造成训练和比赛中运动损伤的发生。另外，运动员自我保护意识薄弱，预防运动损伤的知识和技能缺乏等原因也是造成冰雪项目运动员运动损伤的原因之一。

第三章 冰雪运动项目运动损伤的院前急救

第一节 院前急救的意义

据统计，我国每年创伤人数约达1000万人次，创伤死亡约10万人，伤残约100万人，直接经济损失达100亿元人民币。这么多惊人的数字，使创伤急救作为一个刻不容缓的课题，摆到了我们的面前。临床实践证明，创伤后1h为救治的关键时间，有些学者称为“黄金1h”。因此，对于有些危重创伤必须现场给予紧急救护，立即解除创伤对生命的威胁。如果忽视现场救治，一味盲目转运，可能会有生命危险，而增加死亡率。在创伤造成的死亡案例中，约有50%死于创伤现场，30%死于创伤早期，20%死于创伤后期并发症。

广义的院前急救是指由医护人员或目击者在现场对意外或突然发生的事故中的伤病员进行必要的紧急抢救。其目的是保护伤病员的生命安全、避免再度损伤、防止伤口感染、减轻痛苦、预防并发症，并为伤病员的转运和进一步治疗创造条件。运动损伤的急救是指在运动现场对受伤的人员进行紧急处理，属于损伤救治过程中一个非常重要的环节。急救处理的正确与否直接关系到患者的生存率与致残率。因而，无论何种损伤，做好现场急救都是十分重要的。要求急救人员必须准确地把伤员从现场抢救出来，争分夺秒地采取紧急措施，安全地将伤员送到有关医疗单位。

目前我国急救网络还不够健全，救治半径多数大于5km，救治时间多数超过15min，相比之下，国外救治半径不大于5km，救治时间5～8min。尤其是雪上运动场地绝大多数都位于远离主城区的山地，发生紧急情况的救治半径和救治时间就将大大延长。由于我国大众急救知识的普及度不够，许多第一目击者多无救治能力，加之有些医务人员急救水平不高，创伤评估标准不统一或不熟悉，轻、重、缓、急难区分，抢救程序不规范，以“疾病为中心”的医疗模式不符合现代创伤救治需要。这就要求我们特殊行业的从业者必须掌握相关的急救知识和技能。

第二节　院前急救检伤

在创伤事故现场，急救人员实施急救前必须首先对事故现场的环境进行评估，如存在安全隐患，应立即将伤者转移到安全地带方可施行救助，以确保伤者和施救者的安全，避免次生事故造成二次伤害。

院前救护中要遵循“先抢后救、抢中有救”，“先救命、后治伤”等灾害急救原则。急救人员在确保现场安全或将伤者转移到安全地带后，必须立即对伤者的伤情进行检查评估，这是事故现场急救的核心环节，要求在最短的时间内迅速对所有伤者进行检伤分类，正确做出伤情评估，以便优先抢救伤情最重的伤者。在应对群体伤害事故时，检伤分类（Trage）已作为首要的抢救措施，对于整个抢救的成败、抢救的质量起着关键作用，可以“事半功倍”。

很多冰雪体育运动中参与人员密度较大，一旦发生意外，可能会有多人同时受伤。而事发初期现场的救援资源可能是非常有限的，后续支援也是需要时间和相应条件保障的，到达现场有时可能会遇到一定的困难甚至险阻。因此，“第一目击者”或救护小组，在面对群体伤害时，首先必须分清轻重缓急，分清哪些是必须立即进行急救的伤病者，哪些是可以稍后处理的。这种“分清”，就是检伤分类的基本涵义，使救援工作的领导者“心中有数”。它是突发公共事件医疗救援工作中重要的、首要的环节。根据“检伤分类”，随即作出对急救医疗人员及抢救装备等急救资源的统一合理的分配安排。

一、检伤分类的等级和标识

按照国际公认的标准，灾害现场的检伤分类分为四个等级——轻伤、中度伤、重伤与死亡，统一使用不同的颜色加以标识，这个标识称为“标签”，我国传统也称为“伤票”。在急救中根据不同的伤病情况及轻重缓急遵循下列的先后救治顺序：

1. 第一优先

也称“即刻优先”，用红色标识，表示伤病情况十分严重，随时可有生命危险，如果得到紧急救治可有生存的可能，为急需进行抢救者。如呼吸心跳骤停、气道阻

塞、活动性大出血、严重多发性创伤、重度休克等。

2. 第二优先

也称“紧急优先”，用黄色标识，表示伤病情况严重但相对稳定，允许在一段时间内救治，如各种创伤、复杂多处的骨折、疾病已陷入昏迷、休克等。

3. 第三优先

也称“延期优先”，用绿色标识，表示伤病者身体受到伤害但不严重，神志清醒，伤病员可以自行走动，或疾病发作已有所缓解等。可容稍后处理，等待转送。

4. 最后处理

死亡遗体，用黑色标识，表示伤病员无意识、无呼吸、无脉搏搏动或确认已经死亡，不作抢救。

据有关资料报道，轻伤在整个灾害事故中所占的比例最高，发生率约占伤员总数的35%～50%。轻伤员的重要部位和脏器均未受到损伤，仅有开放性损伤或单纯闭合性骨折，而无内脏伤及重要部位损毁，因此伤员的全部生命体征稳定，不会有生命危险。轻伤的预后很好，一般可在1～4周内痊愈，不会遗留后遗症。

中度伤的发生率约占伤员总数的25%～35%，伤情介于重伤与轻伤之间。伤员的重要部位或脏器有损伤，生命体征不稳定，如果伤情恶化则有潜在的生命危险，但短时间内不会发生心搏呼吸骤停。及时救治和手术完全可以使中度伤员存活，预后良好，一般需1～2个月可治愈，可能遗留功能障碍。

重伤的发生率约占伤亡总数的20%～25%，伤员的重要部位或脏器遭受严重损伤，生命体征出现明显异常，有生命危险，呼吸心跳随时可能骤停；常因严重休克而不能耐受根治性手术，也不适宜立即转院(但可在医疗监护的条件下从灾难现场紧急转送)，因此重伤员需要得到优先救治。重伤员治愈时间一般需2个月以上，预后较差，可以遗留终身残疾。尽管重伤员属于第一优先的救治对象，但也不是绝对的，当重大的灾害事故造成很多人受伤，而医疗急救资源又十分有限的情况下，就不得不放弃救治部分极重度伤员，即对没有希望存活的重伤员采取观望态度，转而优先抢救和运送中度伤，把主要医疗力量放在大多数有希望存活的伤员身上，以节省有限的医疗资源并取得实际救治效果。

死亡约占灾害伤亡总数的5%～20%。创伤造成的第一死亡高峰在伤后1h内，严重的重伤员如得不到及时救治就会死亡。死亡的标志为脑死亡和自主循环停止，心电图持续呈一条直线；同时，伤员心脏停搏时间已超过10min、且现场一直无人进行心肺复苏，或者伤员明显可见的头颈胸腹任一部位粉碎性破裂、断离甚至焚毁，即可现场诊断伤员生物学死亡。生物学死亡意味着人体整个机能的永久性丧失，死亡已不可逆转，心肺脑复苏不可能成功，故而全无抢救价值，以免徒劳地浪费宝贵医疗资源。

二、伤情分类的判断依据

1. 伤员的一般情况

如年龄、性别、基础疾病、既往史、心理素质以及致伤因子的能量大小等，都可影响到伤情程度和检伤分类等级。但决不可以根据伤员的呻吟喊叫程度来判断伤情的轻重。

2. 重要生命体征

如伤员神志（格拉斯哥评分≥11分）、脉搏（正常60～100次/min、有力）、呼吸（正常14～28次/min、平稳）、血压（正常收缩压＞100mmHg或平均动脉压＞70mmHg）、经皮血氧饱和度（SpO_2＞95%）、毛细血管充盈度（正常＜2s）、尿量（正常＞30ml/h）等生理指标和动态变化参数，是判断伤情严重程度的客观定量指标，对检伤分类具有重要的指导价值。

3. 受伤部位（伤部）

根据解剖生理关系，通常将人体笼统地划分为九个部位（CHANSPEMS），即胸部C、头部H、腹部A、颈部N、脊柱脊髓S、骨盆P、上下肢体E、颌面M、体表皮肤S，其中以CHANS（头部、颈部、胸部、腹部和脊柱）最为重要。在对伤员充分暴露、完成全身查体后，伤部的定位应具体化描述，如上下、左右、前后等，并尽量用数字表达受伤范围。据统计，在所有灾害事故中伤员以四肢伤的发生率最高，约为50%～65%，而多发伤大约15%～35%。

4. 损伤类型（伤型）

根据受伤后体表是否完整、体腔是否被穿透以及伤道形态，可大致分为开放伤/闭合伤、穿透伤/钝挫伤、贯通伤/盲管伤等，以开放伤和穿通伤最为严重。

5. 致伤原因（伤因）

导致人体受伤的原因通常分为四大类，即交通事故伤（如机动车、飞机、舰船），机械性损伤（如钝器、锐器、挤压、高处坠落），枪械火器伤（如刀刃、枪弹、爆炸、冲击），以及其他理化因素致伤（如烧伤、烫伤、冻伤、电击伤、放射性损伤、化学品灼伤等）。上述多种原因混合在一起共同致伤，称为复合伤，与多发伤是两个不同的概念。

三、检伤分类方法

（一）检伤分类

1. 按是否定量评估分类

可将检伤分类分为模糊定性法与定量评分法两大类。其中模糊定性法简单方便，不用记忆分值和评分计算，即可迅速完成现场检伤分类，但缺乏科学性与可比性，仅适用于院前对灾害事故的快速检伤分类。而定量评分法通过量化打分，用数字直观地评价，因此具有科学性、符合标准化，方便搞科研、写论文及国际交流；但必须记忆分值并进行评分计算，比较繁琐、复杂和费时。创伤评分始创于20世纪70年代初，目前已有几十种定量评分方法，各有其特点及应用范围。

2. 按适用范围的不同分类

可将检伤分类法分为院前与院内两种体系。院前检伤评估每个伤员必须在5～10s内完成，否则面对重大灾害事故造成的大量人员伤亡，需花费很长时间才能完成现场检伤分类，重伤员就会失去最佳的抢救时机，这使检伤分类变得没有任何实用价值。

（二）检伤分类法介绍

用于院前的检伤分类法，必须具备简便、快捷的特点。而院内检伤分类在时间上不需要那么紧迫，因此其方法应该尽量全面、详尽、准确，只能使用多参数定量评分法，即使繁琐、费时一些也没有关系，常用的创伤评分法如AIS-ISS、ASCOT或APACHE Ⅱ等。下面，简要介绍几种常用的灾害事故的院前检伤分类方法。

1. 简明检伤分类法

适用于急救人员不足，短时间内大批伤员的初检，现被许多国家、地区采用。示意如图3-1所示。

2. 院前模糊定性法——ABCD法

ABCD法来源于伤情判断依据中的四项重要生命体征指标，即神志（C）、脉搏（P）、呼吸（R）、血压（BP）。一旦确定伤员的神志昏迷，脉搏超过50～120次/min，呼吸超过10～30次/min，或者血压低于正常值（收缩压＜100mmHg或平均动脉压＜70mmHg），只要其中一项有明显异常，即可判断为重伤。值得注意的是，如果单纯使用上述生理指标作为伤情分类依据是有严重缺陷的，因为测量和计算这些生命体征指标需要耗费时间，并且容易将重伤轻判，这是现场检伤分类不允许出现的致命错误，常需要结合损伤部和损伤类型。有学者提出了更加实用且便于记忆的ABCD法。ABCD代表着创伤的各种危重症情况，其含义分别为：

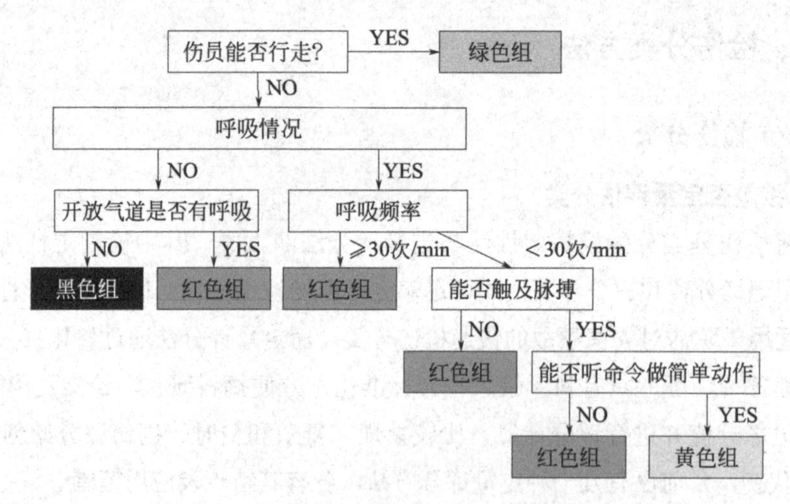

图3-1　简明检伤分类示意图

（1）A（Asphyxia）——窒息与呼吸困难。伤员胸部、颈部或颌面受伤后，很快出现窒息情况，表现为明显的吸气性呼吸困难，呼吸十分急促或缓慢，伴有紫绀、呼吸三凹征、气胸或连枷胸等体征。常见原因为胸部穿透伤、张力性气胸、冲击性肺损伤、多发性肋骨骨折或急性上呼吸道机械梗阻。

（2）B（Bleeding）——出血与失血性休克。创伤导致伤员活动性出血，不管哪一个部位损伤出血，一旦短时间内失血量超过800ml，出现休克的早期表现，如收缩压低于100mmHg或脉压＜30mmHg，脉搏超过100次/min，伤员神志虽清楚但精神紧张、烦躁不安，伴有面色苍白、四肢湿冷、口干尿少，即应判断为重伤。休克的快速检查方法为一看(神志、面色)、二摸(脉搏、肢端)、三测(毛细血管充盈度、但暂时不用急于测量血压)、四量(估计出血量)。

（3）C（Coma）——昏迷与颅脑外伤。伤员受伤后很快陷入昏迷状态，并且伴有双侧瞳孔改变和神经系统定位体征，即使头部没有外伤迹象，也暂时无法做头颅CT证实，仍可初步诊断为颅脑损伤，当然属于重伤员。

（4）D［Dying（die的现在时）］——正在发生的突然死亡。重度的创伤会导致伤员当场呼吸心搏骤停，如果急救人员能够及时赶到现场，面对正在发生的猝死，只要伤员心脏停搏不超过10min，心肺复苏仍有抢救成功的可能，故可归为重伤范围。但是，如果在事发10min以后急救人员才来到现场，或者伤员头颈胸腹任一部位的粉碎性破裂甚至断离，诊断生物学死亡即可放弃救治。即便是刚刚发生的临床死亡，如遇重大灾害事故现场的救护人员严重不足，仍不得不将此类伤员划归为死亡而放弃抢救。

ABCD法属于模糊定性的方法，只要一看见伤员出现ABCD其中一项以上明显异常，即可快速判断为重伤，异常的项目越多说明伤情越严重；相反，如果ABCD四项全部正常，则归类为轻伤；而介于两者之间，即ABC三项（D项除外）中只有一项异常但不明显者，则应判定为中度伤。该法简便快捷，只需5～10s即可完成对一个伤员的检伤分类，非常适合于灾害现场的医疗检伤评估。

3. 院前定量评分法——PHI法

迄今为止，具有临床实用价值的院前检伤评分方法共有6种，评价见表3-1。

表3-1　各种院前定量评分法一览表

评分方法	问世年代	作者	总体评价
创伤指数法 (Trauma Index，简称TI)	1971年	Kirkpatrick	灵敏度60% 特异度82% 目前已很少使用
创伤记分法 (Trauma Score，简称TS)	1981年	Champion	灵敏度71% 特异度99% 易将重伤轻判
修正创伤记分法 （简称RTS）	1985年	Champion	灵敏度95% 特异度37% 较好反映颅脑伤
CRAMS评分法 (5个参数英文字头的缩写)	1982年 至 1985年	Gormican Clemmer	灵敏度82% 特异度86% 评分较为复杂
儿童创伤记分法 (Pediatric TS，简称PTS)	1986年	Tepas	灵敏度91% 特异度85% 仅适用于儿童
院前指数法 (Prehospital Index，简称PHI)	1986年	Koehler	灵敏度94% 特异度91% 目前最好的方法

PHI法即“院前指数法”(Prehospital Index，缩写为PHI)，是在CRAMS评分法的基础上改进、简化而产生，是上述6种评分法中灵敏度与特异度最高，并且保持最佳均衡的一种方法。因而，PHI法为目前灾害现场检伤评分体系中最好的一种院前定量分类法，得到世界各国的广泛认可，应用见表3-2。

表3-2 PHI法评分

参数	级别	分值
收缩压/kPa	＞13.33(100mmHg)	0
	11.46～13.20 (＜100mmHg)	1
	10.0～11.33 (＜85mmHg)	3
	＜9.86(75mmHg)	5
脉搏/（次/min）	51～119	0
	＞120	3
	＜50	5
呼吸/（次/min）	正常(14～28)	0
	费力或表浅＞30	3
	缓慢＜10	5
神志	正常	0
	模糊或烦躁	3
	不可理解的言语	5
附加伤部及伤型	胸或腹部穿透伤 无	0
	有	4

PHI法的检伤分类标准为，将表3-2中5项指标的每个参数所得分值相加，根据总的分数进行评判见表3-3。

表3-3 PHI总评分判断

评分	伤情
0～3分	轻伤
4～5分	中度伤
6分以上	重伤

PHI法用数据定量评判，因而比ABCD定性法更加科学、准确，但评分过程相对复杂、费时。在灾害现场检伤分类时可将这两种方法结合应用，即首先采用ABCD法初步筛查，然后再对筛选出的重伤员和中度伤用PHI定量评分，综合二者的优点与长处，比单用一种方法更加合理、准确。

四、标签明白告知

当进行了初步的“检伤分类”后，据此，抢救小组、成员应立即给已受检的伤病员，配置不同颜色的标签（伤票）。

标签既是表明该伤病患者伤势病情的严重程度，同时也代表其应该获得救护、

转运先后与否的程序。

标签一定要配置在伤病员身体的明显部位，通常在衣服、手腕等处，以清楚明白地告知现场的救护人员，避免因现场忙乱，伤病人较多，以及抢救人员及装备不足等情况下，遗漏了危重的“第一优先”伤病员的积极抢救；或者有限的医疗资源抢救力量用在并非急迫需要抢救的伤病员身上，而真正急需者得不到优先救治。

同时，救护人员还应对神志清醒的伤病员做出必要的解释和安抚工作，以使其配合现场救护及转送后接收医疗机构的救治工作。

五、检伤分类组织及运行

自20世纪90年代，尤其在21世纪初，在包括重大恐怖事件、地震、海啸等灾害对群体伤害的抢救中，对检伤分类的重要性有了更进一步的认识，不仅仅认为临时需要有若干人在现场进行该项工作，而且提高到需要有一个明确工作内容和工作职责的专门小组，这使检伤分类工作得以规范。

突发公共事件现场的检伤分类工作，原则上是由当时、当地，救护经验最丰富的人进行初步的检伤分类。当专业急救队伍到达后，就由该专业急救负责人或指定由经验丰富的抢救人员（如年资较高的医生、护士长）来复核初步的检伤分类，积极抢救“第一优先”的伤病员。在检伤分类同时或分类后，如情况十分严重，伤病员较多，在迅速分配现有急救资源时，应迅速统筹就近资源并提出请求支援。

从现代“大救援”的观念出发，检伤分类已不仅仅单纯是“分清”伤情的工作，它已成为统筹、分配现场急救资源并成为搜集保存病历资料、现场收容伤病员、划分处理区域、保证救护工作落实的组织者。

当现场急救工作已顺利进行时，检伤分类组织者可在急救队长领导或授权下，对现场工作进行较全面的巡视、协调，保证检伤分类后的急救规范进行，对需转送医院进一步救治者和救护车、救援直升机及其他医疗运输车船等交通工具统筹安排使用，做到不遗漏危重病人，不疏忽一般伤者。

第三节　院前急救工作的主要内容

一、初步诊断

1. 收集病史

首先扼要了解伤情，迅速加以分析，确定损伤部位、性质、范围，以便进一步重点检查。同时询问受伤经过、受伤时间、受伤原因、受伤动作、伤员的自我感觉等。

2. 就地检查

包括全身状况观察和局部检查。检查要点如下：

（1）有无呼吸道阻塞、呼吸困难、紫痰、异常呼吸等现象；

（2）有无休克，检查时若发现呼吸急促、脉搏细弱、血压下降、面色苍白、四肢发凉出汗，提示有休克发生，应立即进行抢救；

（3）有无伤口，判断出血的性质及出血量；

（4）有无颅脑损伤，凡神志不清的伤者，出现瞳孔改变、耳鼻腔出血、眼结膜淤血以及神经系统症状者，应疑有颅脑损伤；

（5）有无胸腹部脏器损伤；

（6）有无脊髓、周围神经损伤及肢体瘫痪等；

（7）有无肢体肿胀、疼痛、畸形及功能障碍等，以确定骨与关节损伤。

二、初步急救处理

根据以上检查结果做出判断后，应迅速遵循“先救命后救伤、先重伤后轻伤”的院前快速急救处理原则对不同情况进行初步急救处理。

主要措施包括：

（1）保持伤病员呼吸道通畅及充分给氧，必要时行气管插管；

（2）无意识、呼吸、心跳者立即进行现场心肺复苏；

（3）迅速建立静脉通道，对有大出血或休克的伤病员应快速输液以扩充血容量，维持循环稳定并迅速转运；

（4）对外伤性活动出血应迅速采取相应措施有效止血；

（5）对颅脑损伤者，注意保护头部防止脑疝发生，如有耳部流血不可用物品填塞；

（6）对骨折脱位处做及时有效固定；对有颈椎损伤者立即带颈托固定，将其平移至脊柱搬运板，扎好绑带并用头部固定器固定头部，避免二次损伤；

（7）胸部损伤有开放性伤口者，立即取半卧位，严密封闭包扎胸壁伤口，使开放性气胸变为闭合性气胸，迅速转送医院，张力性气胸者立即穿刺排气或置引流管；

（8）腹部损伤有腹腔内脏脱出者，不得将污染的组织和肠管还纳，可用环形垫覆盖敷料包扎固定，或用无菌碗覆盖并包扎转送；

（9）有贯通伤或穿刺伤者，不得拔除刺穿物，包扎固定好刺穿物后立即转送医院行手术处理；

（10）对有高度膀胱胀满不能自行排尿者应导尿或作耻骨上膀胱穿刺排尿。

第四节　院前急救工作的基本技术

损伤是指各种致伤因素造成的人体组织的损伤和功能障碍。轻者造成体表损伤，引起疼痛或出血；重者导致功能障碍、残疾，甚至死亡。对损伤开展院前急救工作，需要急救人员具备包括止血、包扎、固定、搬运在内的四项基本技术。

一、止血

人体血量因性别、年龄、机能状况而发生变化，但基本维持稳定。健康成人血量占体重的8%，（如：4800ml/60 kg），其中血细胞占 45%，血浆占55%。人体发生损伤时经常会引起出血，特别是较大的血管损伤，会引起较大量的出血。出血指血液从血管或心脏流至组织间隙、体腔内或体外的现象。出血对机体的影响取决于出血量、出血速度和出血部位。出血量少于循环血量10%，对人体没有明显影响；如在短时间内丧失循环血量的20%～25%时，就可出现乏力、头晕、口渴、面色苍白等急性贫血症状；丧失循环血量的30%以上时，会发生失血性休克。发生在重要器官的出血，即使出血量不多，亦可危及生命，如心脏破裂引起的心包内出血，由于心包填塞，可导致急性心功能不全；脑出血，尤其是脑干出血，可因重要神经中枢受压致死。局部的出血，可导致相应的功能障碍，如脑内囊出血引起对侧肢体偏瘫，视网膜出血引起视力减退或失明。

（一）出血的分类

1. 按出血的部位分类

（1）内出血：内出血是指流出血管的血液停留在身体内部而不排至体外的情况，有组织内出血、体腔出血和管腔出血，如颅内出血、胸腹腔内脏器破裂等。

内出血的性质较为严重，早期不易被察觉，容易被忽视。如受伤后，伤病员身体上无伤口，但出现皮肤苍白、发冷、口渴、表情淡漠、少言寡语、呼吸变浅、烦躁不安等症状，应引起足够的重视，尽早识别并采取相应急救措施及时有效的止血，内出血一般多依赖于药物和手术止血。

（2）外出血：血液从皮肤创口流向体外者称为外出血，常见于外力撞击伤、切割伤、穿刺伤、辗压伤等。发生严重外出血时情况较为复杂，常伴有其他损伤，处理较困难，常需到医院完成救治。

2. 按出血的血管分类

（1）毛细血管出血：损伤处毛细血管破裂，血液从创伤面或创伤口周围缓慢渗出，为暗红色血，出血量少，危险性小。

（2）静脉出血：损伤处静脉血管破裂，伤口出血为涌出、流速比较慢，血色暗红。

（3）动脉出血：损伤处动脉血管破裂，伤口出血为喷射状、流速急，血色鲜红。

较大静脉出血和动脉出血的情形比较严重，尤其是动脉出血，如果不尽快止血，将会危及伤者生命（图3-2）。

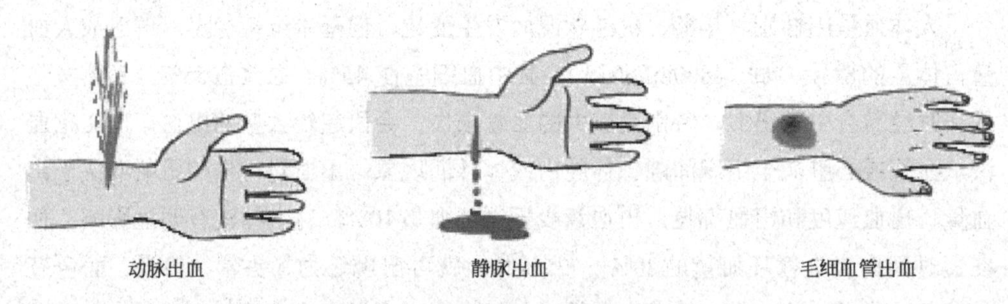

图3-2 不同血管出血的表现形式

（二）常用的止血方法

如果对出血伤员抢救不及时或处理不当，就可能使出血过多，或肢体坏死形成残疾，甚至危及生命。所以遇到受伤发生出血的情况，首先要根据出血种类、出血量与出血速度等情形采取切实有效的方法进行止血，止血是现场抢救伤员的第一步，然后再做其他急救处理。根据不同的损伤情况，常用的止血方法如下。

1. 冷敷法

冷敷可降低组织温度，使血管收缩，减少局部充血，从而达到止血的作用。冷敷与加压包扎和抬高伤肢同时应用，效果更佳。

（1）作用：有止血、止痛、防肿的作用。

（2）使用范围：急性闭合性软组织损伤，伤后立即施用。

（3）方法：常用冷镇痛气雾剂喷涂或冰袋敷于伤部。

2. 抬高伤肢法

抬高伤员出血的部位，特别是四肢受伤时伤口要高于心脏。抬高伤肢法常和绷带加压包扎并用，对小血管出血有效，对较大血管出血，只能作用一种辅助性止血方法，常用于四肢出血。

（1）作用：抬高伤肢，使出血部位血压降低，血流量减少，达到减少出血的目的（图3-3）。

（2）使用范围：四肢小静脉或毛细血管的出血。

（3）方法：将伤肢抬高于心脏平面15°～20°左右。

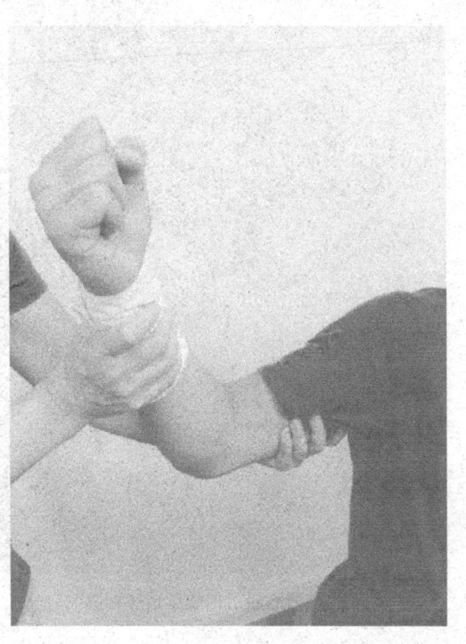

图3-3　抬高伤肢法

3. 加压包扎止血法

用绷带加压包扎伤口止血。

（1）作用：加压包扎能迫使伤口及伤口处的血管闭合,使伤口处的血液循环减缓,使出血处有足够的时间完成凝血。

（2）使用范围：毛细血管、静脉或小动脉的出血。

（3）方法：用无菌敷料（如消毒纱布、干净的毛巾等）覆盖填塞伤口，外加消毒或干净的纱布压垫，再用绷带加压包扎。包扎不要过紧或过松，过紧会引起血液循环不良，过松则不能有效止血。绷带不要在伤口上打结，以免压迫伤口引起疼痛；也不要在身体背后打结，易产生不适感（图3-4）。

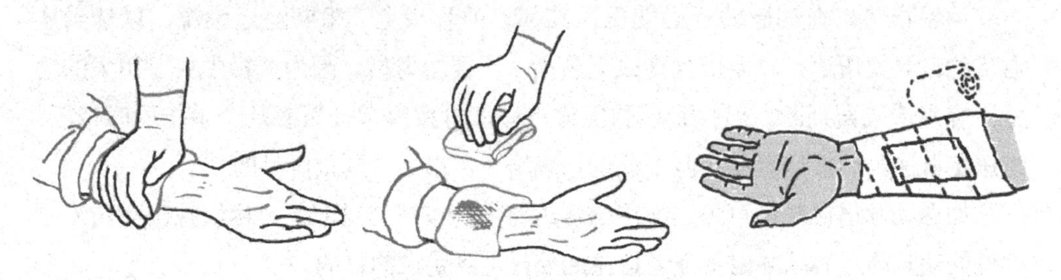

图3-4　加压包扎止血法

4. 加垫屈肢止血法

（1）作用：与加压包扎止血法相同。

（2）使用范围：前臂、手、小腿的小血管出血。

（3）方法：将棉垫或绷带卷放于肘窝或腘窝处，屈曲前臂或小腿进行包扎（图3-5）。

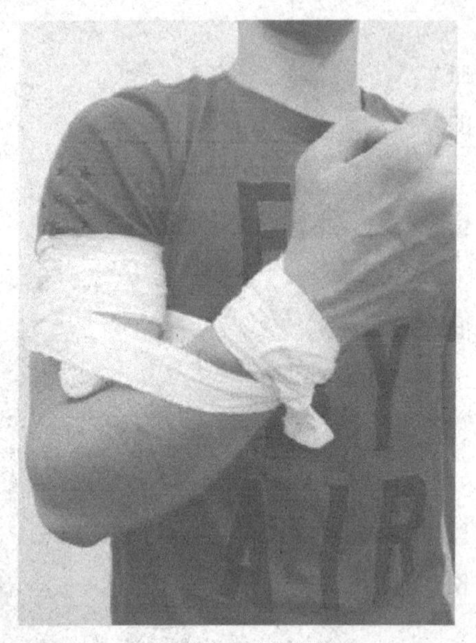

(a) 屈肘加垫压迫肱动脉

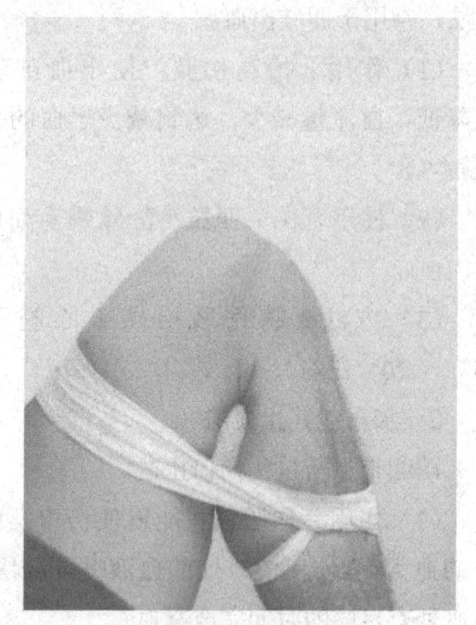

(b) 屈膝加垫压迫股动脉

图3-5　加垫屈肢止血法

5. 直接压迫止血法

当发生伤口出血，最常做的急救动作就是手拿消毒纱布或干净的毛巾等柔软布料直接按在出血部位,直接压迫止血。

6. 指压止血法

用手指将出血动脉的近心端压在其邻近的骨头上，阻断血运来源，以达到止血目的。寻找压迫点时要用食指或无名指，不要用拇指，因为拇指中央有粗大的动脉，容易造成误判断。当找到动脉压迫点后，再换拇指按压或几个手指同时按压。指压止血法虽然操作容易，但不经过系统培训，很难达到止血目的。

如遇动脉出血时，可先迅速用消毒纱布大力按住出血部位，尽快找出受伤流血部位的动脉的近心端并用手强力按住此处已达到止血的目的。

（1）头部出血：压迫颞浅动脉。一侧头顶部出血，用食指或拇指压迫同侧耳前方颞浅动脉搏动点［耳朵前上方跳动的血管，图3-6（a)］。

（2）面部出血：压迫颌外动脉。一侧颜面部出血，用食指或拇指压迫同侧面动脉搏动处［颌外动脉在下颌角下缘的前方约1.5cm处，图3-6（b)］。

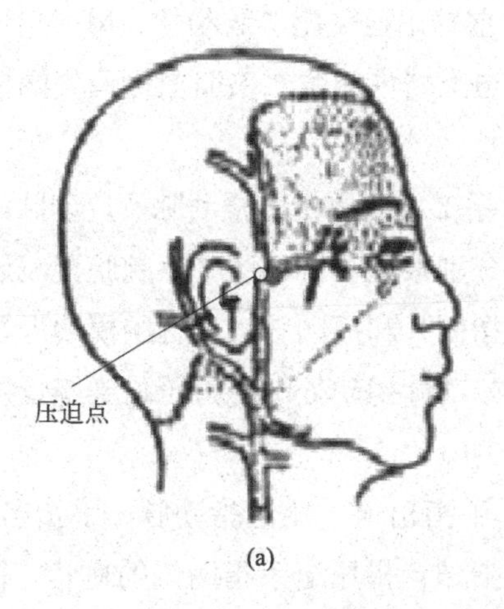

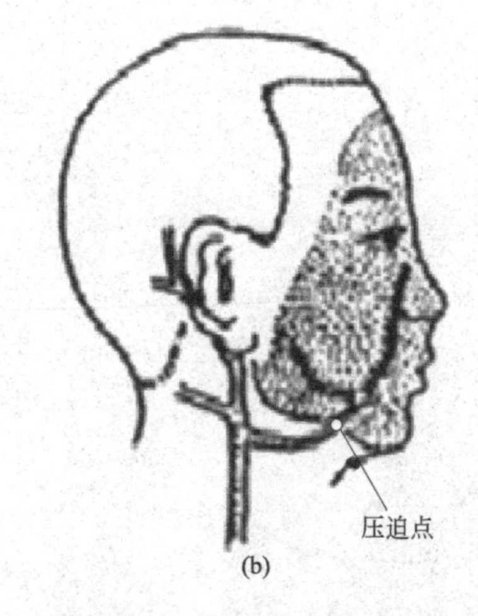

图3-6　头面部指压止血法图示

（3）头颈部出血：压迫颈总动脉。在胸锁乳突肌内侧，用拇指把颈总动脉压向后方的颈椎横突上，可止住同侧头颈部的出血。但不能同时压迫两侧的颈总动脉，单侧压迫时间也不宜过长，以免引起大脑缺血缺氧而昏迷（图3-7）。

（4）上肢出血：

① 肩部和上臂出血：压迫锁骨下动脉。用食指压迫同侧锁骨上窝中部的锁骨下动脉搏动处，将其压向深处的第一肋骨（图3-8）。

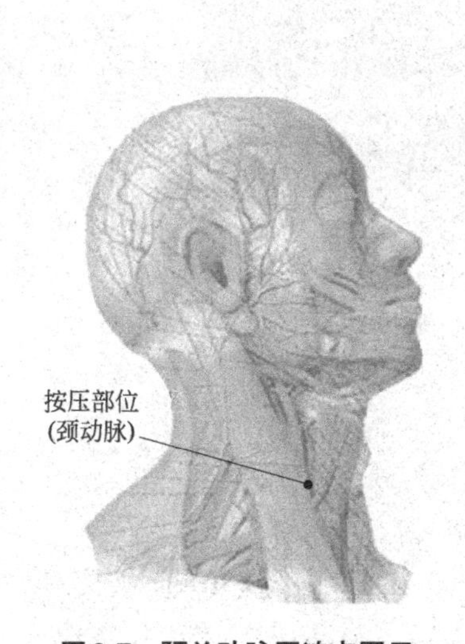

图3-7　颈总动脉压迫点图示

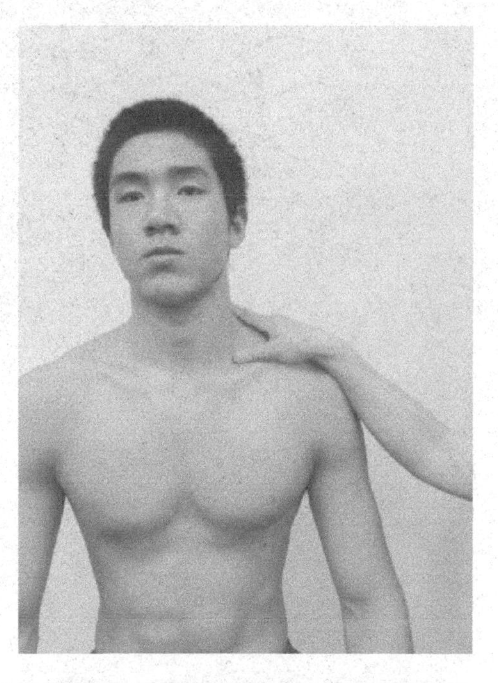

图3-8　肩部和上臂部指压止血法图示

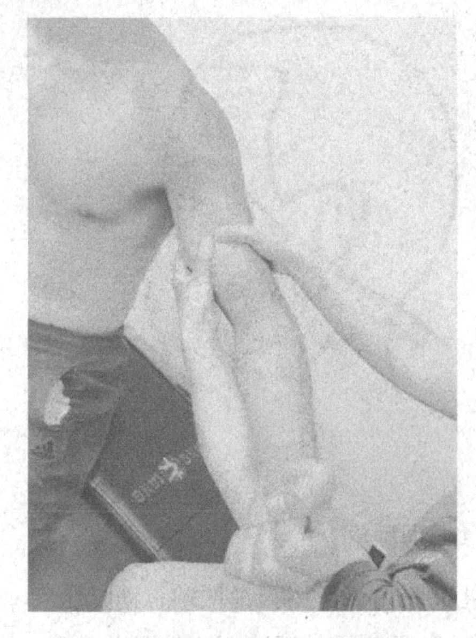

图3-9　前臂部指压止血法图示

② 前臂出血：压迫肱动脉。用拇指或其余四指压迫上臂内侧肱二头肌内侧沟处的搏动点（图3-9）。

③ 手部出血：指压桡动脉及尺动脉，用双手拇指分别按压在桡动脉（手腕腕横线近心端的大拇指侧）和尺动脉（手腕腕横线近心端小手指侧）动脉搏动处，用力压迫到桡骨及尺骨上［图3-10（a)]。

④ 手指出血：压迫指动脉，手指出血时，可用拇指和食指压迫手指两侧的血管［图3-10（b)]。

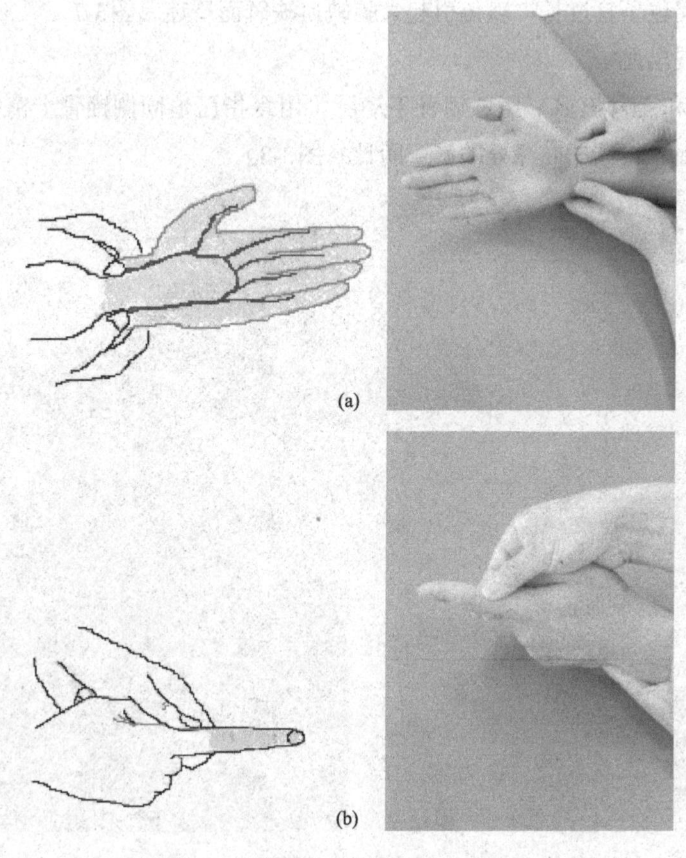

(a)

(b)

图3-10　手部及手指指压止血法图示

（5）下肢出血：

① 大腿、小腿部出血：压迫股动脉。用双拇指重叠用力压迫大腿上端腹没沟中点稍下方股动脉搏动处（图3-11）。

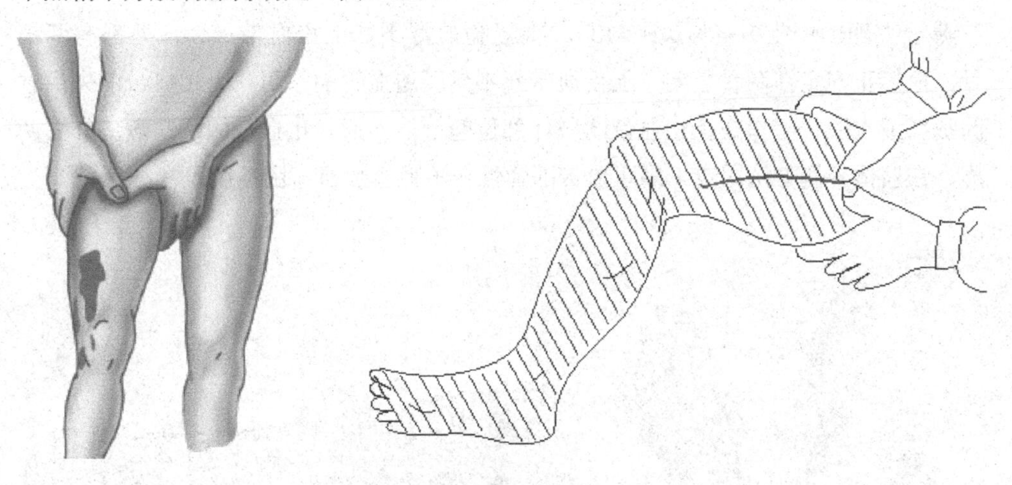

图3-11　腿部指压止血法图示

② 足部出血：足部出血压迫胫前动脉和胫后动脉（图3-12）。用两手指或拇指分别压迫足背中部近踝关节处的足背动脉（胫前动脉）和足跟内侧与内踝之间的足底动脉（胫后动脉）。

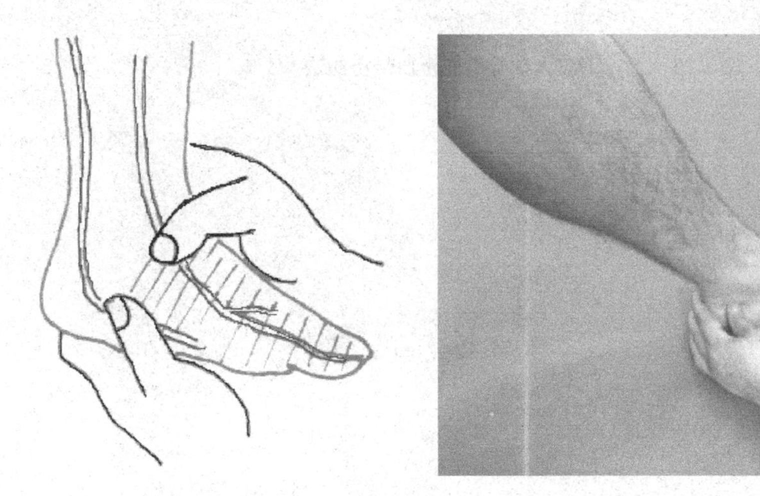

图3-12　足部指压止血法图示

7. 止血带止血法

止血带止血是用于四肢大出血急救时简单、有效的止血方法，它是通过压迫血管阻断血行来达到止血目的。常选择弹性好的橡皮管、橡皮带或气压止血带，有时也用三角巾、有弹性的棉织品如宽布条、毛巾等材料。不可用铁丝、电线、尼龙绳、麻绳等做代用品。

在上肢使用止血带，要缚于上臂上1/3，禁止扎在中段，以免损伤桡神经；下肢缚于大腿的中上1/3处（图3-13）。小腿和前臂不能上止血带，因该处都有两根骨，血管正好走在两骨之间，上止血带起不到压迫血管的作用。上止血带前先用软的敷料或衣服、毛巾在上止血带的肢体部位垫好，然后将止血带缠绕在敷垫外面两周，在肢体外侧打结固定，靠止血带的弹性压迫血管止血（图3-14）。

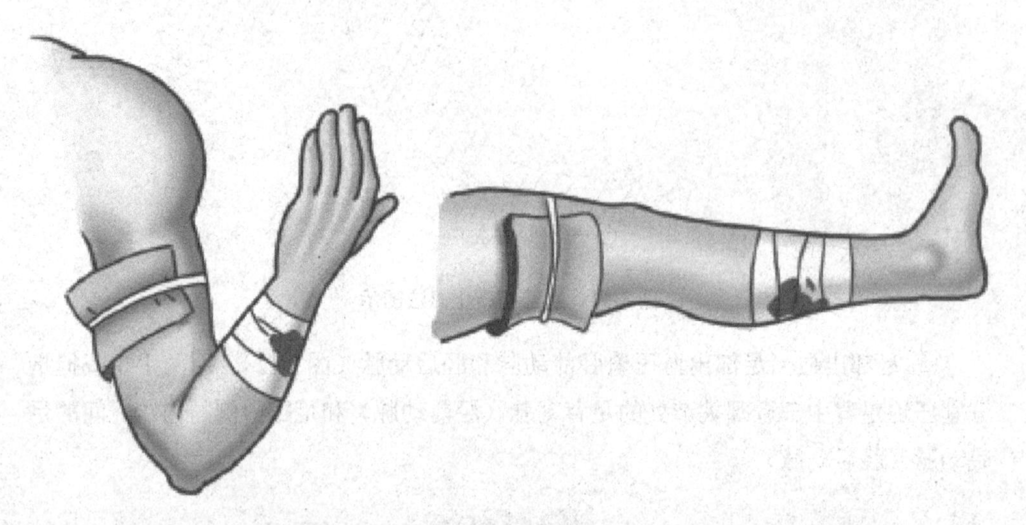

图3-13　上、下肢大动脉出血止血带止血法

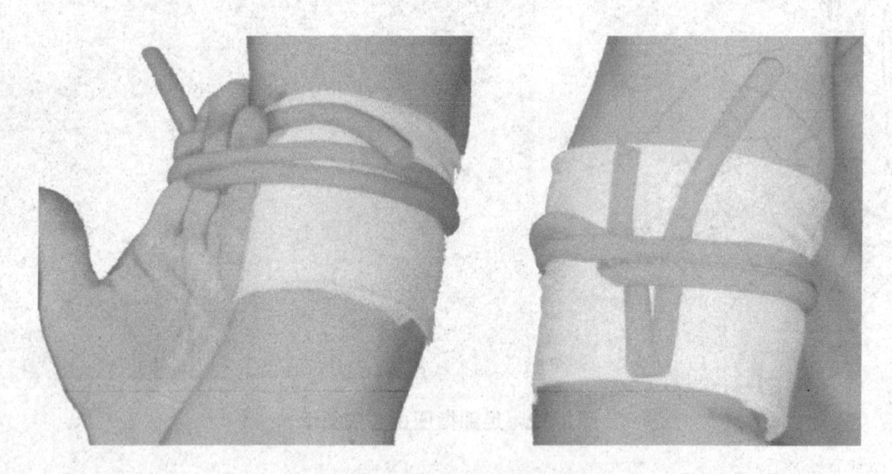

图3-14　橡皮止血带止血

止血带止血法如使用不当或使用时间过长，会造成伤肢血液循环不良，引起远端肢体缺血、坏死，甚至造成残废。只有在出血猛烈，用其他方法不能止血时，才

能应用止血带止血法。使用止血带时必须注意以下事项：

（1）上止血带前，在肢体无骨折的情况下，先要将伤肢抬高，尽量使静脉血回流，以减少出血量。

（2）止血带不要直接与皮肤接触，利用环形宽布垫保护皮肤。

（3）止血带松紧要适当，不要过紧，以出血停止或远端不再有大量出血为度，止血后远心端有动脉的搏动（图3-15），否则会使皮肤、神经、血管损伤，过松则达不到止血的目的。

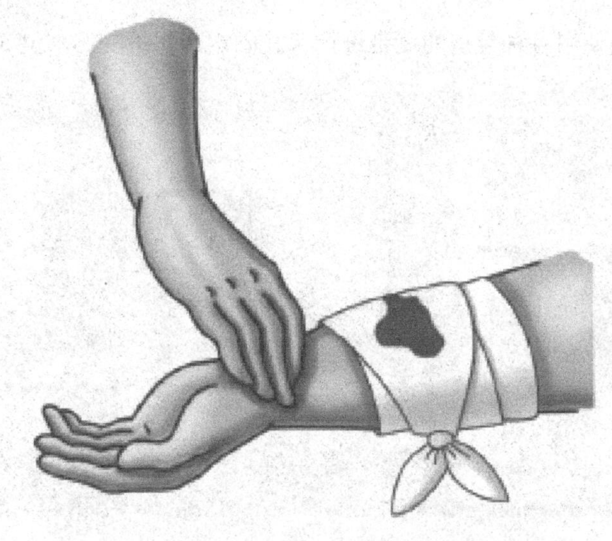

图3-15　伤口用止血带包扎后远心端有动脉搏动

（4）上好止血带后，在身体明显部位写明止血时间，每1h左右放松止血带一次（寒冷环境要缩短时限）。如果出血停止，就不必再上；若仍然出血，可压住伤口，过3～5min再缚好，再标记好时间。上止血带总的时间一般不要超过2～3h。

（5）在伤口远端肢体严重缺血或受严重挤压伤的肢体忌用止血带止血。

（6）解除止血带时，先要做好清创手术的准备，给伤员输液，必要时准备输血，以防发生休克、酸中毒、大出血等意外发生。

二、包扎

无论什么样的出血，最终都要用包扎来解决。对损伤部位进行及时妥善的包扎，能达到压迫止血、减少感染、保护伤口、减轻疼痛、固定敷料和夹板的目的。要求包扎松紧要适度，过松容易滑脱，过紧阻碍肢体血液循环，动作要迅速、准确、轻柔、牢靠；打结要避开伤口和受压部位；骨折固定包扎要露出伤肢末端，以便观察血运情况。如包扎后伤肢远端出现皮肤苍白或麻木现象，表明包扎过紧，血液循环不佳，应松解后重新包扎。绷带外层一旦被渗液浸馈，应及时更换。包扎常用的材料是纱布、绷带、弹性绷带或干净的棉布或用棉织品做成的衬垫，要根据伤情和部位的不同选择适当的包扎材料和方法，包住伤口。包扎的原则是先盖后包，力度适中。先盖后包即先在伤口上盖上敷料（够大、够厚的棉织品衬垫），然后再用绷带或三角巾包扎。

（一）绷带包扎

绷带包扎是使用各种类型的绷带进行包扎固定和保护受伤部位（图3-16）。

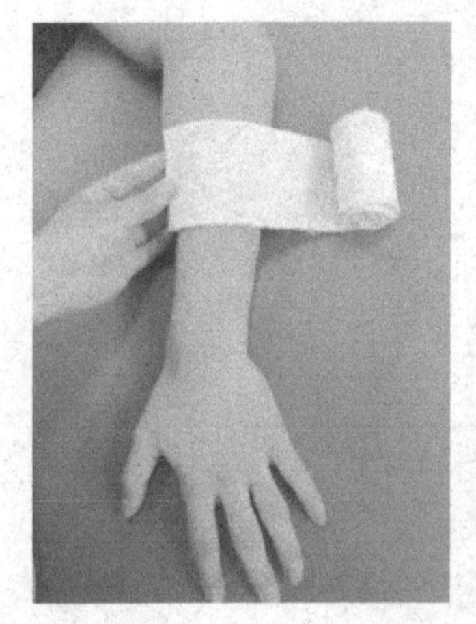
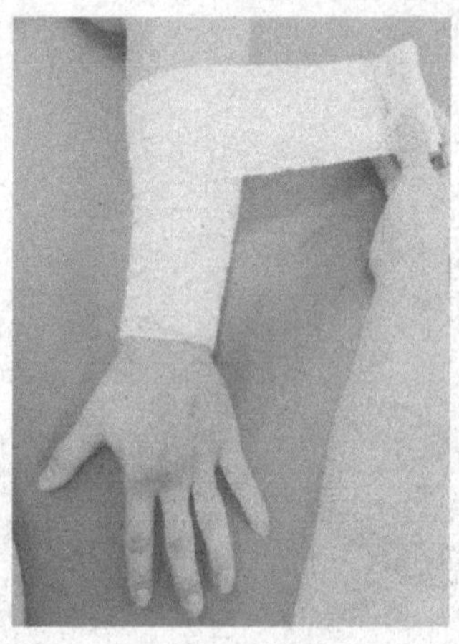
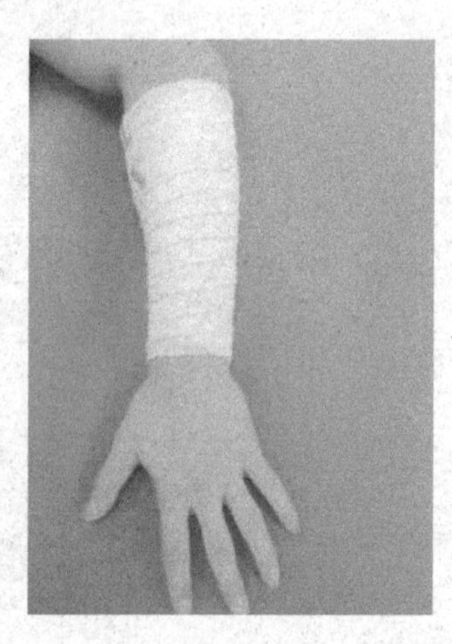

图3-16　绷带包扎

常用的绷带包扎方法有：

1. 环形包扎法

用于肢体粗细变化不明显或圆柱形部位，如额部、胸部、手腕等，亦用于各种包扎起始时（图3-17）。

绷带卷向上，用右手握住，将绷带展开，左拇指将绷带头端固定需包扎部位，右手连续环形包扎局部，其圈数按包扎需要而定，用卡钩或胶布固定绷带末端。

2. 螺旋形包扎法

用于肢体粗细变化较小的部位，如上臂、手指等。

从固定肢体的远心端开始先环形包扎两圈，再向近心端呈30°角螺旋形缠绕，每圈重叠前一圈的2/3，末端胶布固定（图3-18）。在急救缺乏绷带或暂时固定夹板时每圈绷带可不互相重叠掩盖，称蛇形包扎法。

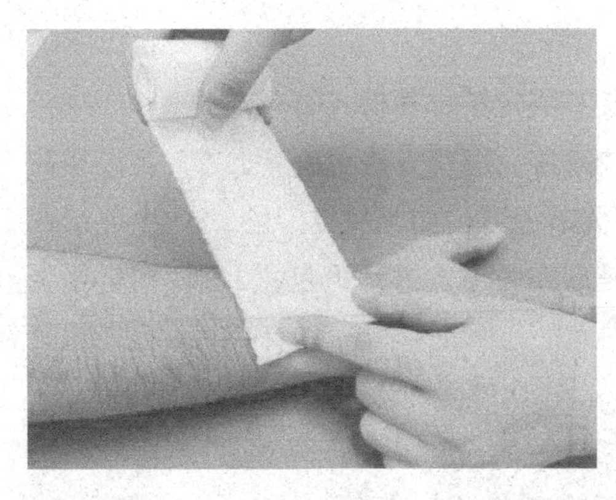
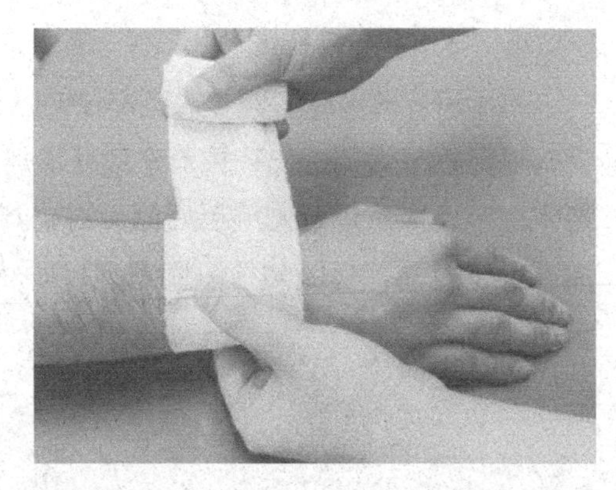

图3-17　环形包扎法

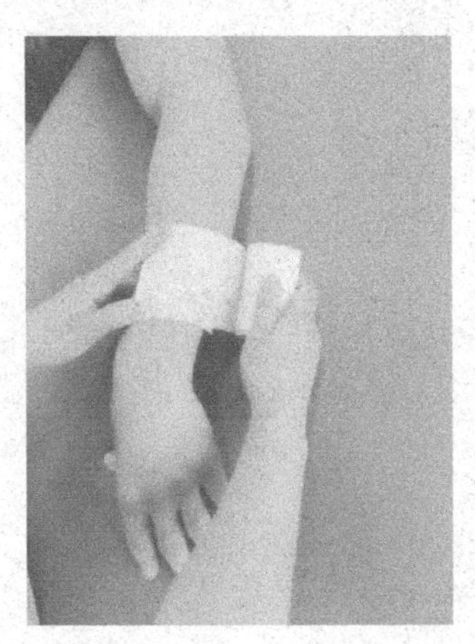
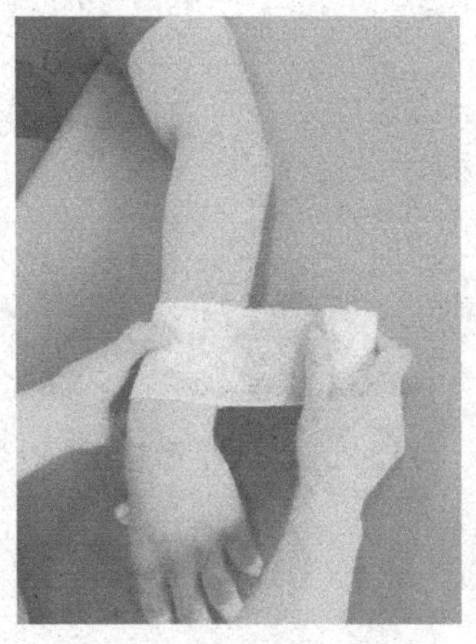
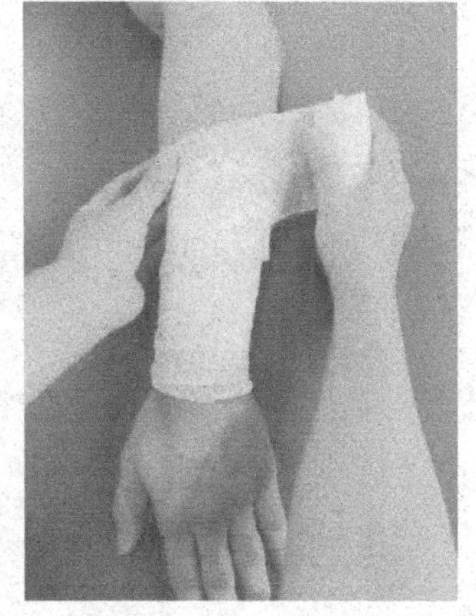

图3-18　螺旋形包扎法

3. 螺旋反折包扎法

用于肢体有明显粗细变化的部位，如前臂、小腿、大腿等（图3-19）。

先做二圈环形包扎，再做半圈螺旋包扎，然后以一手拇指按住绷带上面正中处，另一手将绷带自该点反折向下，盖过前一圈的1/3或2/3向后绕。每一次反折须整齐排列成一直线，但每次反折不应在伤口与骨隆突处。

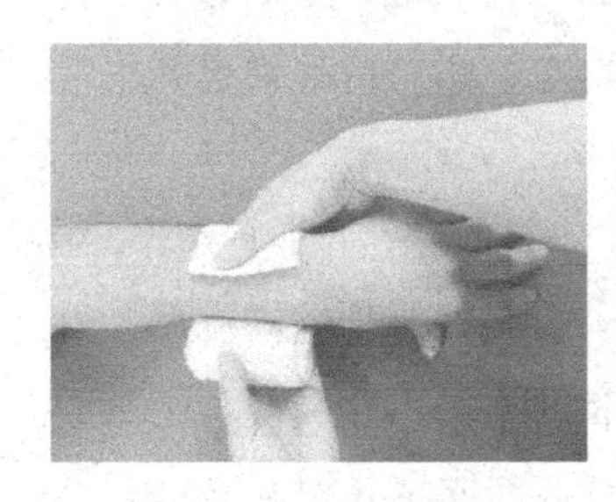
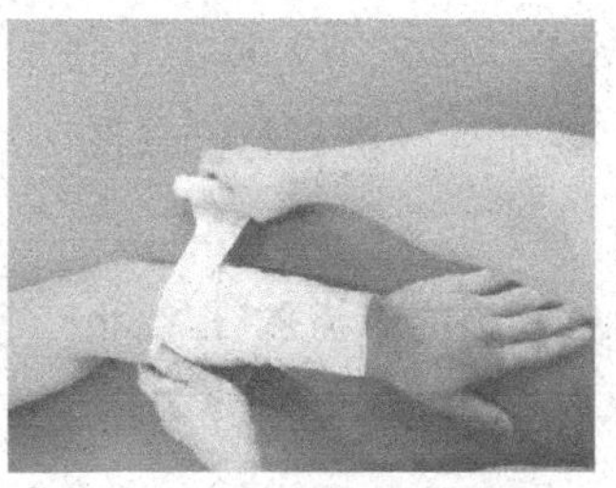
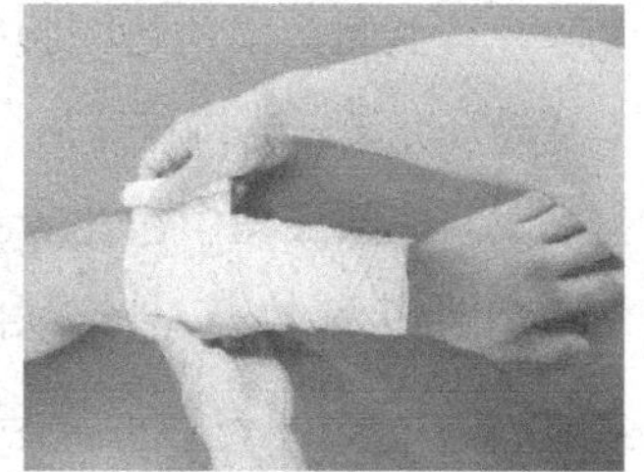

图3-19　螺旋反折包扎法

4. “8”字形包扎法

用于肩、肘、膝、踝等关节部位的包扎和固定锁骨骨折（图3-20）。

以肘关节为例，先在关节中部环形包扎2圈，绷带先绕至关节上方，再经屈侧绕到关节下方，过背侧绕至屈侧后再绕到关节上方，如此反复，呈“8”字连续在关节上下包扎，每圈与前一圈重叠2/3，最后在关节上方环形包扎2圈，固定绷带末端。

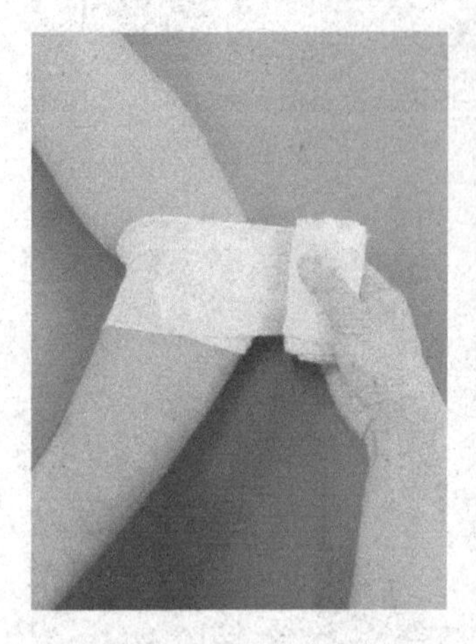
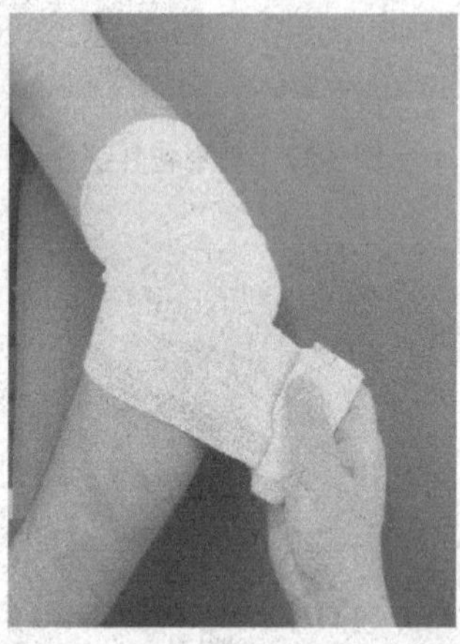
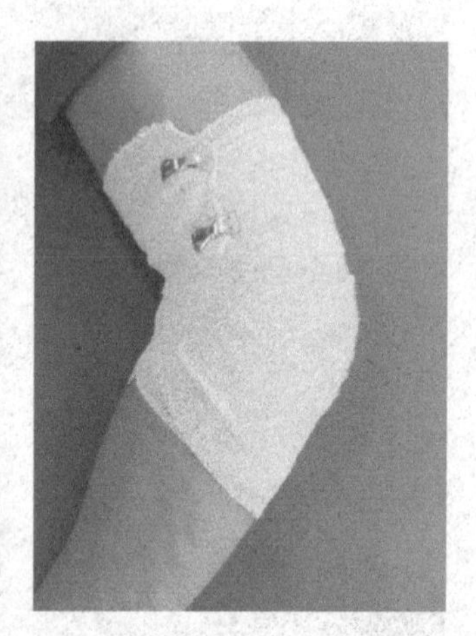

图3-20 “8”字形包扎法

（二）三角巾包扎

三角巾是将方块布沿对角剪开，即可做成三角巾。常用的医用三角巾有36cm×36cm×51cm(45°、90°)和93cm×93cm×135cm（45°、90°）。三角巾应用灵活，容易掌握，包扎面大，效果也好。使用时要求边要固定，角要拉紧，中心伸展，敷料贴实。

1. 手足三角巾包扎法

用于手足部的外伤。将三角巾展开，把患者受伤的手掌（足）平放在三角巾的中央，手指（脚趾）尖对向三角巾的顶角。将三角巾的顶角折起，盖在患者手背（足背）上面，顶角达到腕关节（踝关节）以上；将三角巾两底角折起到患者手臂（足背）交叉，再围绕手腕（踝部）一圈后打结（图3-21）。

2. 头部三角巾包扎法

用于头部外伤。将三角巾底边的中点放在眉间上部，顶角经头顶垂向枕后，再将底边经两耳上方向后拉紧，在枕部交叉，并压住垂下的顶角，再交叉绕耳上到额部拉紧打结。最后将顶角向上反掖在底边内或用安全针或胶布固定（图3-22）。

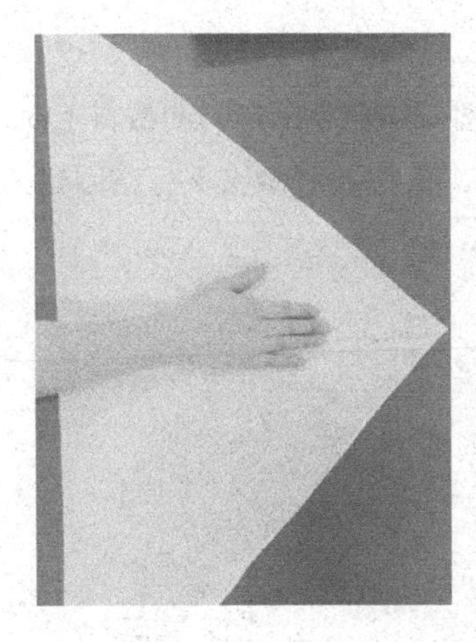

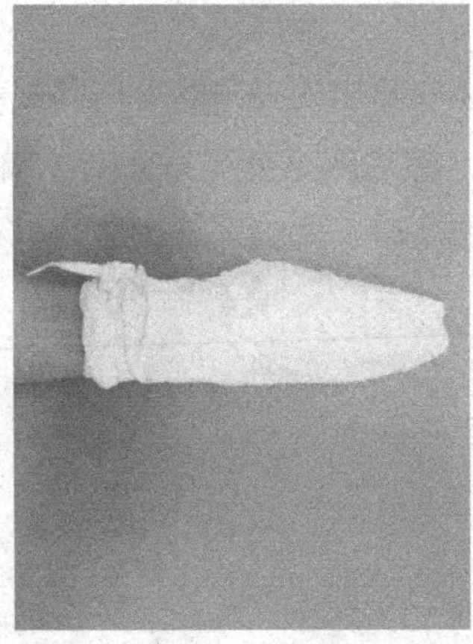

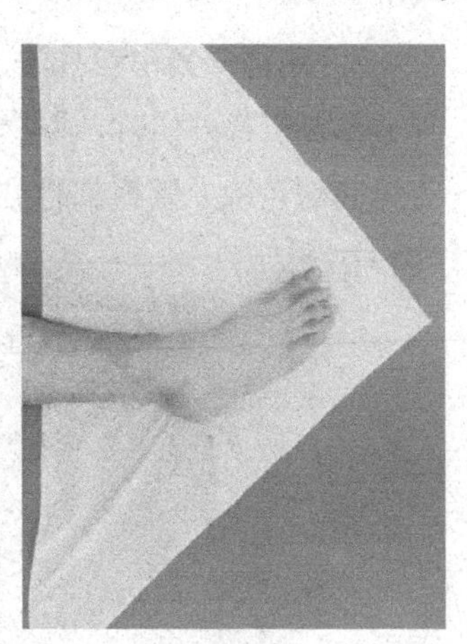

图3-21　手足三角巾包扎法

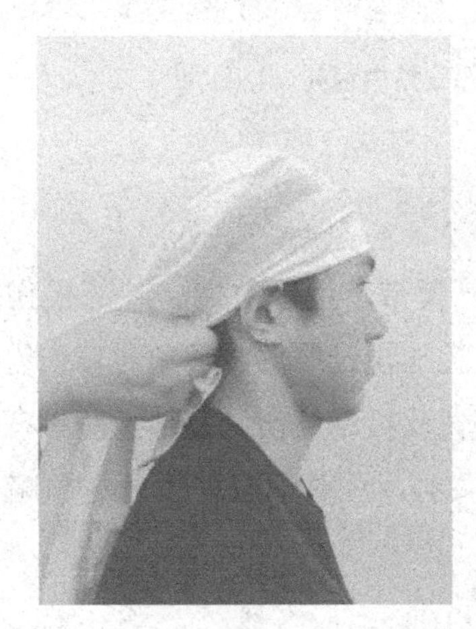

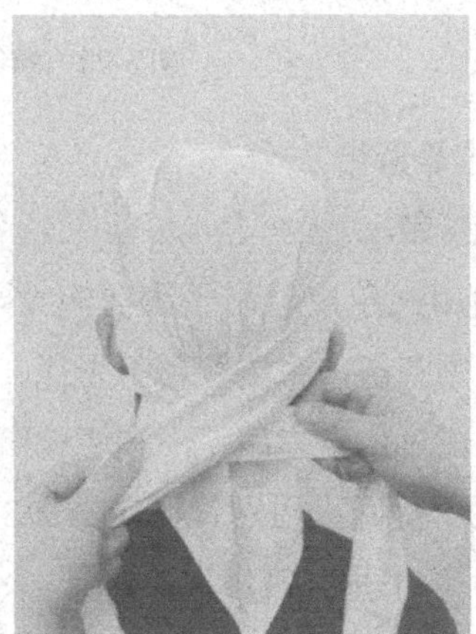

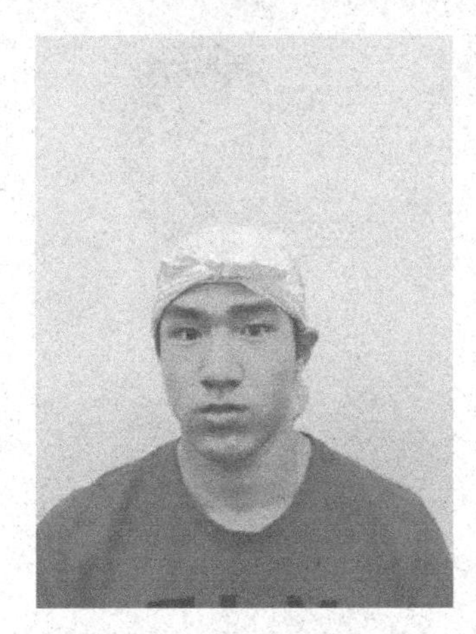

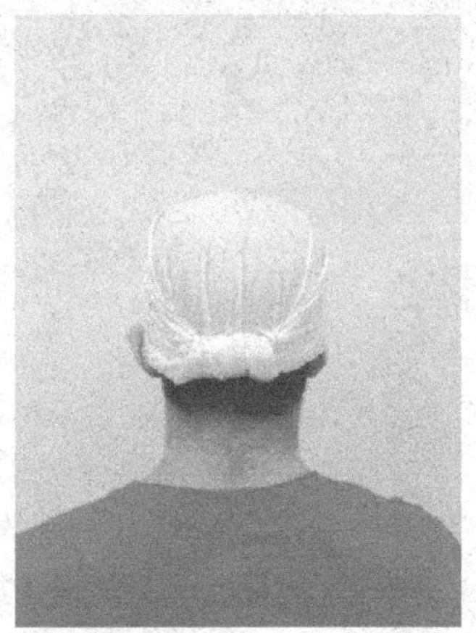

图3-22　头部三角巾包扎法

3. 肩部三角巾包扎法

一侧肩部外伤时，将燕尾三角巾的夹角对着伤侧颈部，巾体紧压伤口的敷料上，燕尾底部包绕上臂根部打结，然后两个燕尾角分别经胸、背拉到对侧腋下打结固定（图3-23）。

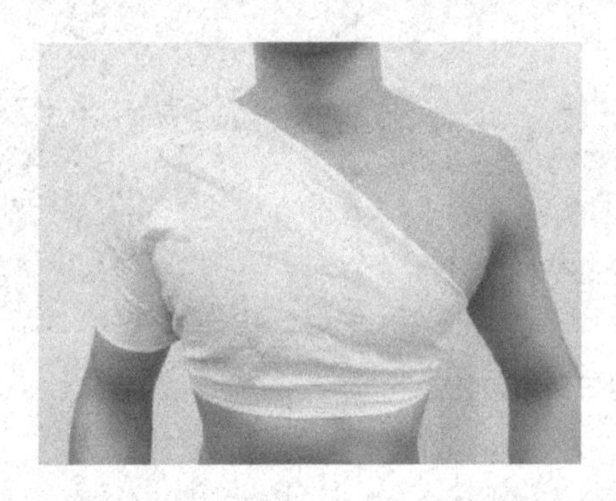
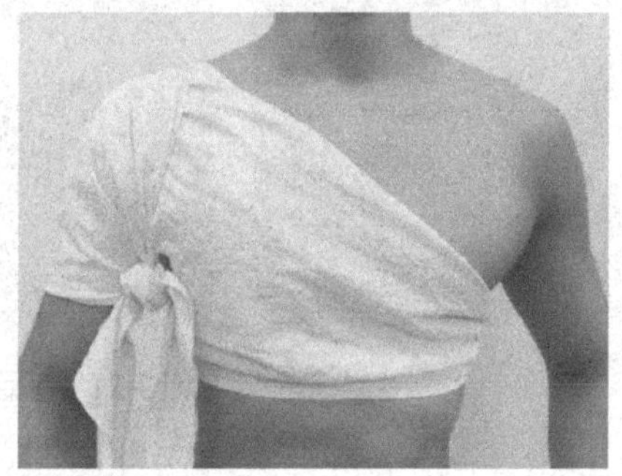

图3-23　肩部三角巾包扎

4. 三角巾悬臂带

（1）大悬臂带

前臂屈曲用三角巾悬吊于胸前叫大悬臂带，用于前臂、腕部损伤和骨折。将三角巾放于健侧胸部，底边和躯干平行，上端越过肩部，顶角对着伤臂的肘部，伤臂弯成直角放在三角巾中部，下端绕过伤臂反折越过伤侧肩部，两端在颈后或侧方打结。再将顶角折回，用别针固定（图3-24）。注意：应使手肘关节略向上（小于90°），手腕不可下垂，露出指尖。

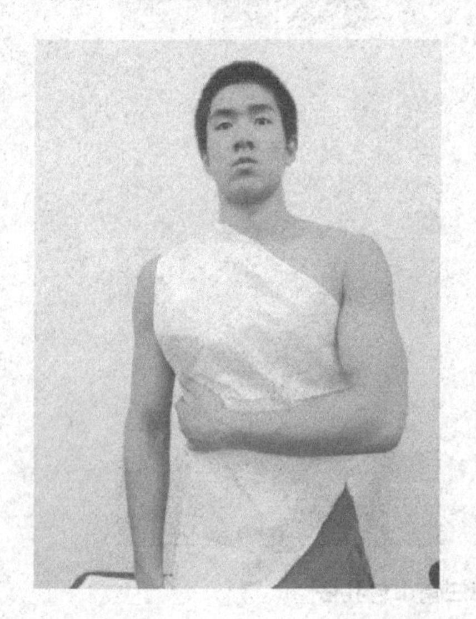
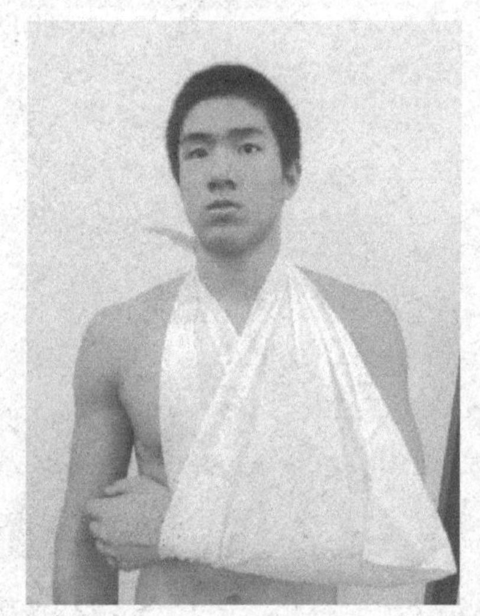

图3-24　大悬臂带

（2）小悬臂带

将三角巾折叠成带状吊起前臂的前部（不要托着肘部），两端在健侧的锁骨凹陷处打结（图3-25）。适用于肩关节脱位、锁骨和肱骨骨折等损伤。

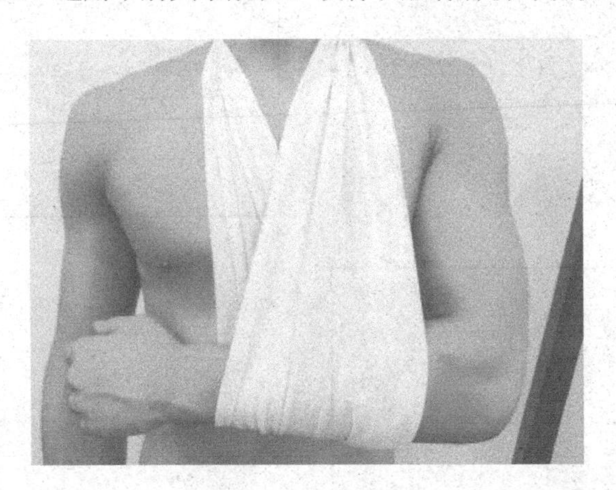

图3-25　小悬臂带

有时对口鼻、肩、腋窝、宫腔或其他部位的盲管伤和组织缺损处采用填塞止血法，是用棉织品将出血的空腔或组织缺损处紧紧填塞，直至确实止住出血。填实后，伤口外侧盖上敷料后再加压包扎，达到止血目的。此方法的危险在于用压力将棉织品填塞结实可能造成局部组织损伤，同时又将外面的脏东西带入体内造成感染，尤其是厌氧菌感染常引发破伤风或气性坏疽。所以，除非必需,尽量不采用此法。

三、固定

现场抢救中，对于骨折或脱位以及较严重的软组织损伤的伤员，都需要使用一定的材料或物品作可靠的临时固定。固定材料一般选择绷带、棉垫、夹板等（图3-26），也可采用木板、木棍、树枝、纸板、衣服及滑雪板、滑雪杖等代用品（图3-27）。如果现场无材料可选，可将伤肢固定于伤者躯干或健侧肢体上。

临时固定的目的是防止断端移位，防止造成新的损伤，减少疼痛，预防休克，便于搬运。这对损伤的治疗也具有重要作用。固定的范围应包括损伤处的上、下两个关节。对开放性损伤，必须先行止血、包扎，再固定肢体。对骨折、关节脱位者应争取尽早进行手法复位，若参与急救者不会复位，或由于现场条件限制无法完成复位者，均应立即用夹板或绷带等在骨折、脱位所保持的姿势下固定伤肢，保持伤员安静，尽快送医院处理。

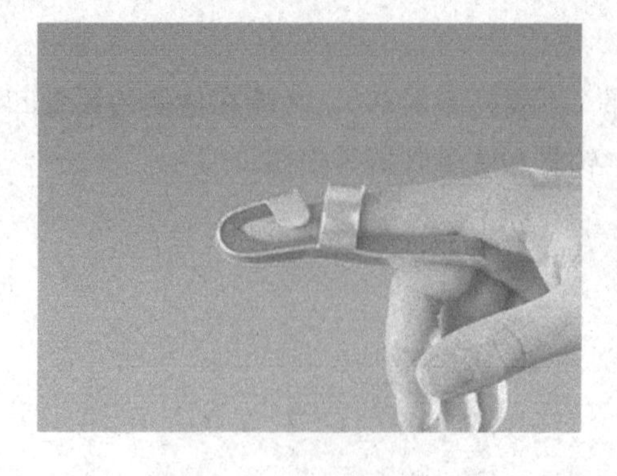
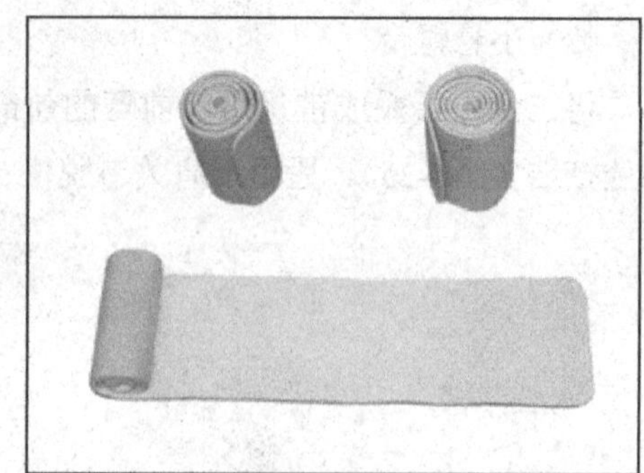
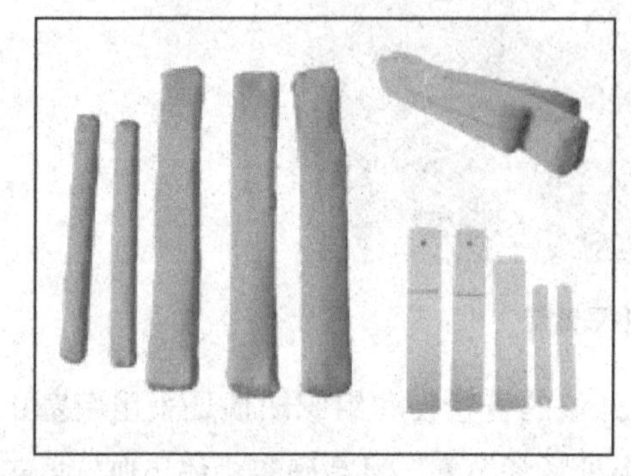
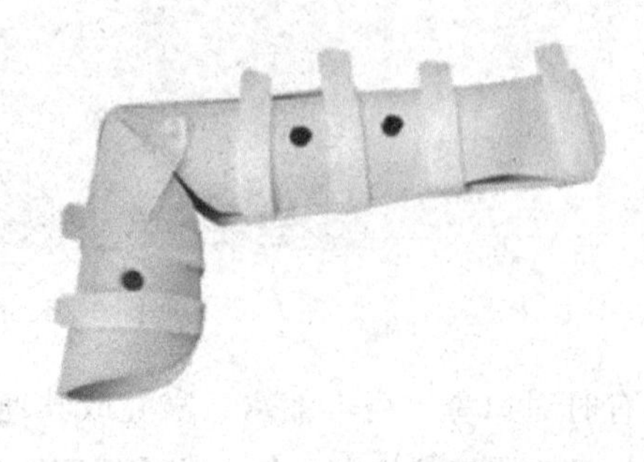

图3-26　常用夹板

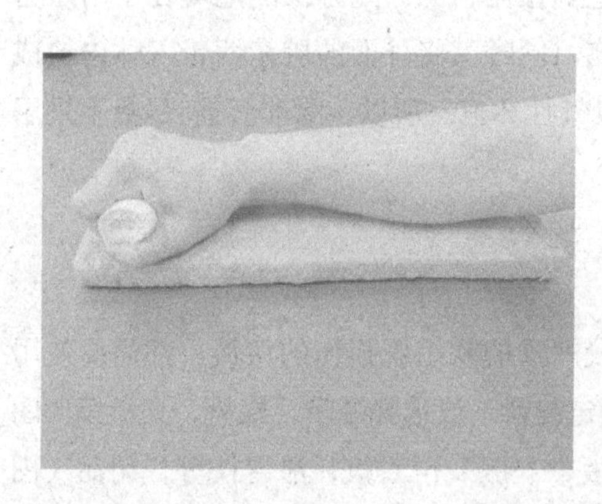
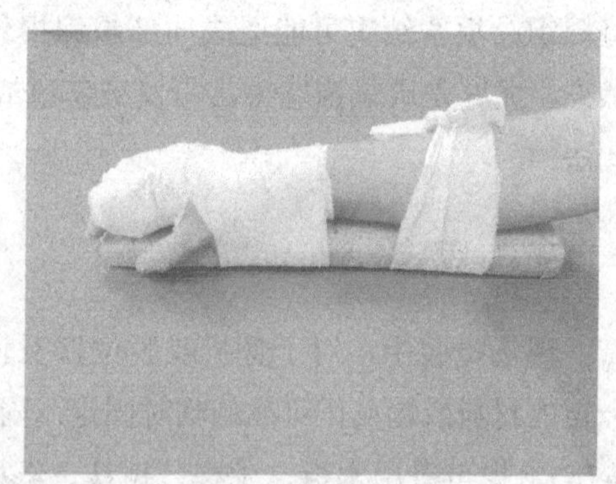

图3-27　骨折的固定

四肢常见骨折的现场临时固定方法如下。

1. 前臂骨折固定法

先将夹板放置于骨折前臂外侧，骨折突出部加垫,然后固定腕、肘两关节（腕部“8”字形固定），用三角巾将前臂悬挂于胸前，再用三角巾将伤肢固定于胸廓（图3-28）。

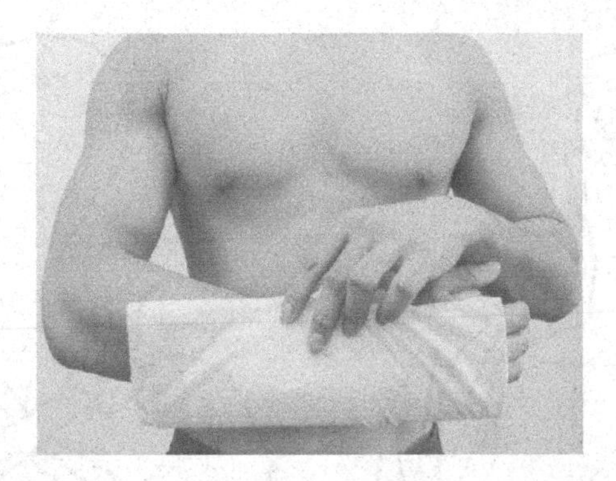

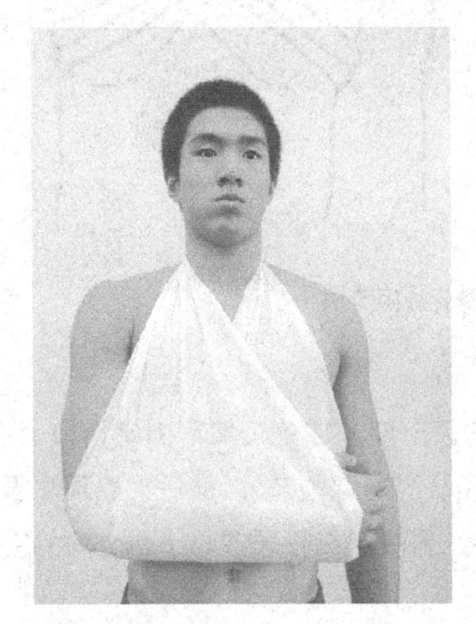

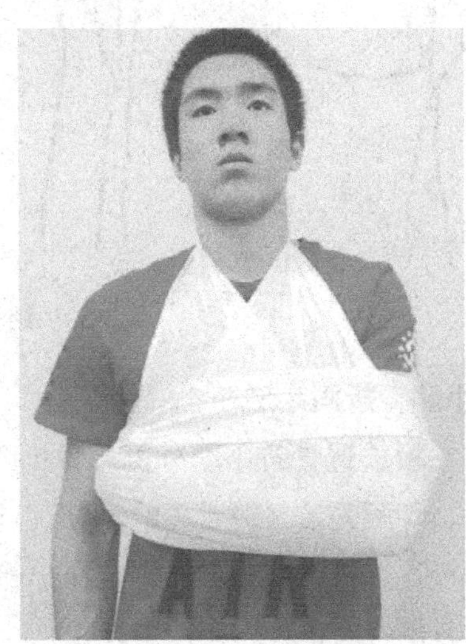

图3-28　前臂骨折固定法

2. 上臂骨折固定法

先将夹板放置于骨折上臂外侧，骨折突出部分加垫，然后固定肘、肩两关节，用三角巾将上臂悬挂于胸前，再用三角巾将伤肢固定于胸廓（图3-29）。如现场无夹板，可先用三角巾将伤肢固定于胸廓，再用三角巾将伤肢悬挂于胸前。

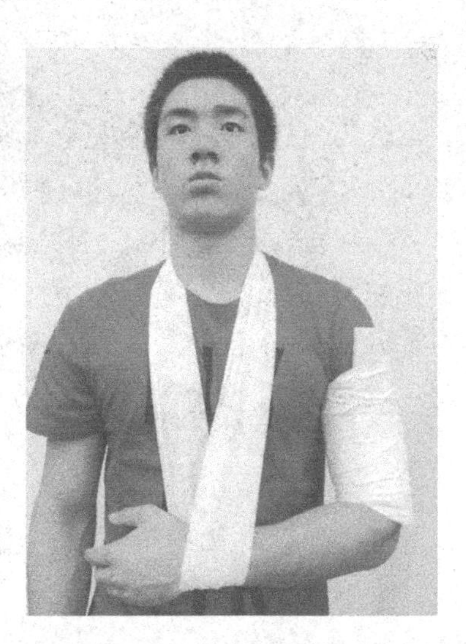

图3-29　上臂骨折固定法

3. 锁骨骨折固定法

伤者挺胸，双肩向后，在两侧腋下放置棉垫，用两块三角巾分别绕肩两周打结，然后将三角巾在背后结在一起，前臂屈曲用三角巾固定于胸前（图3-30）。

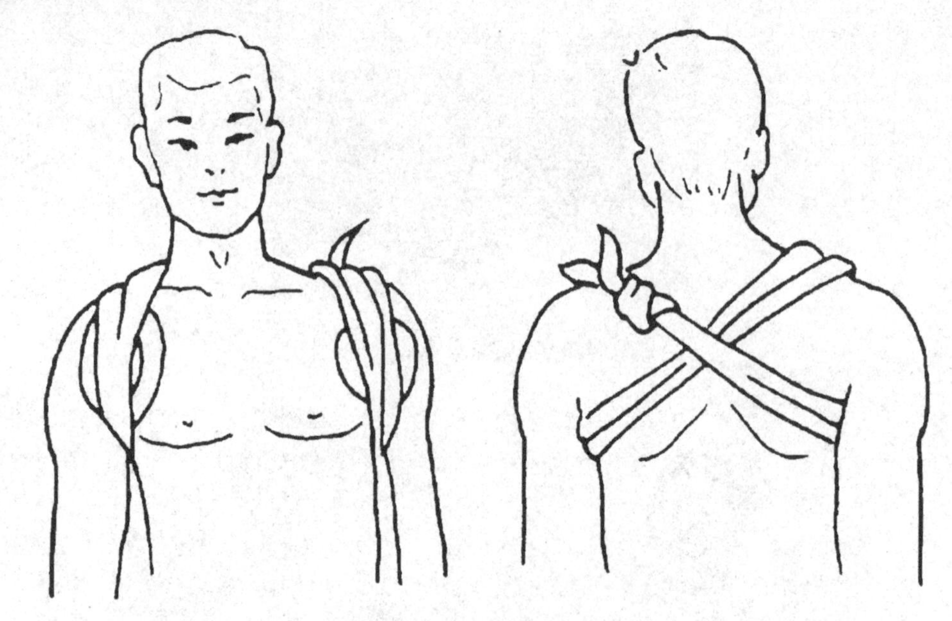

图3-30　锁骨骨折固定法

4. 小腿骨折固定法

先将夹板放置骨折小腿外侧，骨折的突出部分加垫，然后固定伤口上下两端，再固定膝、踝两关节（绷带“8”字形包扎法固定踝关节），最后夹板顶端固定。如现场无夹板，可将伤肢与健肢固定在一起，需注意在膝关节与小腿之间的空隙处垫好软垫，以保持固定稳定（图3-31）。

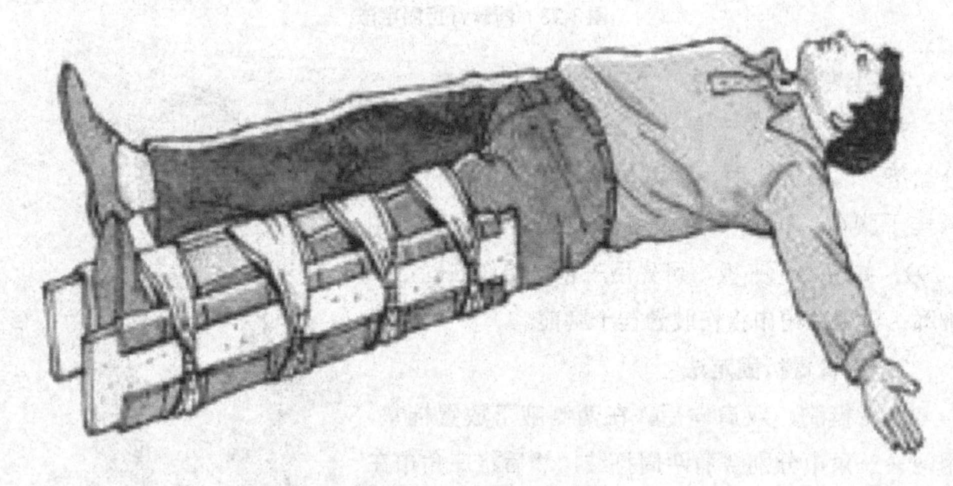

图3-31　小腿骨折固定法

5. **大腿骨折固定法**

先将一块相当于从足跟至腋下长度的夹板放在大腿外侧，再将另一块从足跟到大腿根部的长度的夹板放置大腿内侧，骨折突出部分加垫，然后先固定伤口上、下两端，再固定踝、膝关节，最后固定髋、腰、腋部（图3-32）。

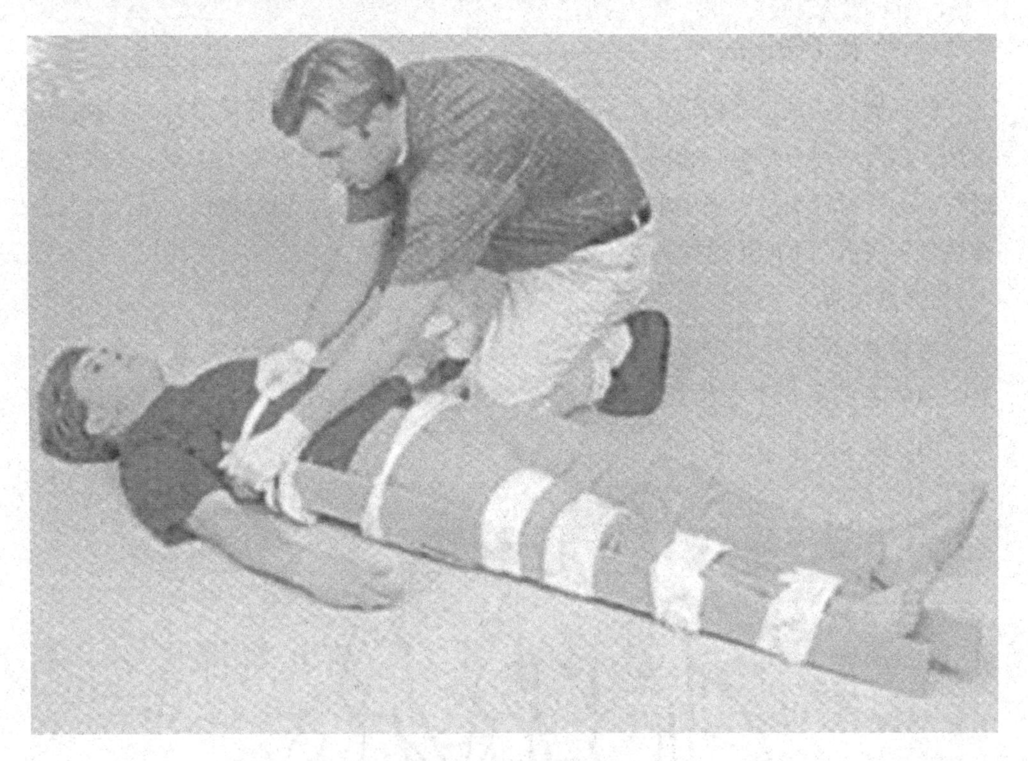

图3-32　大腿骨折固定法

使用夹板固定时的注意事项：一定要夹板长短与肢体长短相称；在夹板与肢体之间尤其是骨突部位要加棉垫、衣片等衬垫，以防皮肤受压损伤；固定四肢时要露出指、趾尖，便于观察血循环；完成固定后，如出现指、趾苍白、青紫或肢体发凉、疼痛、麻木时，表示血循环不良，应立即检查原因，如为缚扎过紧，需放松缚带重新固定。

四、搬运

搬运是指把伤病员经现场检伤施救后，根据不同的伤情和条件，因地制宜，采用正确的、合理的措施，迅速将其搬运或转送往救护站或医院，争取在“黄金1h”内使其得到专科治疗。搬运和转送途中密切观察监测病情变化，并根据具体情况采取必要的急救措施及及时通知接收医院。遇伤情变化，如家属在场，在抢救的同时可将伤情及预后告知其家人，满足家属知情权，避免发生不必要的纠纷。

搬运方式多种多样，大致有徒手搬运法、器械和车辆搬运法等，可根据不同条件、不同情况选用。

（一）徒手搬运法

徒手搬运法是指在搬运伤员过程中凭人力和技巧，不使用任何器具的一种搬运方法。该方法适于伤势轻和搬运距离较短的伤员。它又可分为单人、双人和多人搬运法。一般对轻伤员可采用单人搀扶、抱扶、背负等方式。但对重伤病员，尤其是脊柱骨折病员则不能用这些方法，必须用平卧式搬运法。

1. 搀扶法

急救者位于伤员的体侧，一手把住伤员腰部。伤员的手绕过急救者颈后至肩上，急救者的另一手握住其腰部。两人协调缓行（图3-33）。此法适用于伤势轻、神志清醒而又能自己站立步行的伤员。

图3-33　搀扶法

2. 抱扶法

急救者一手抱住伤员的背部，另一手托住伤员的大腿及腘窝，将伤员抱起，伤员的一侧臂挂在急救者的肩上（图3-34）。此法适用于伤势轻，神志清醒但较软弱的伤员。

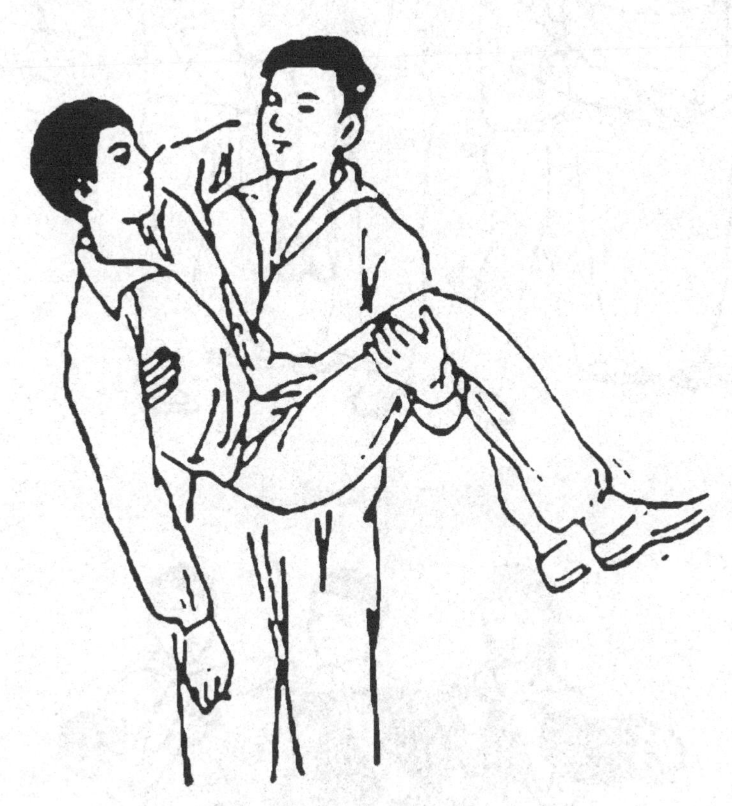

图3-34　抱扶法

3. 托椅式搬运法

两名急救者站立于伤员两侧，各以一手伸入伤员大腿下方而相互十字交叉紧握，另一手彼此交替支持伤员背部。伤员坐在急救者互握的手上，背部支持于急救者的另一臂上，伤员的两手分别搭于两名急救者的肩上（图3-35）。此法适用于神志清醒，足部损伤而行走困难的伤员。

4. 卧式三人搬运法

三名救护者同站于伤员的一侧。第一个人以外侧的肘关节支持伤员的头颈部，另一肘置于伤员的肩胛下部，第二人用双手自腰至臀托抱伤员，第三人托抱伤员的大腿下部及小腿上部。三人行走要协调一致。即两人或数人，蹲在伤员同一侧，分别托住伤员的头部、背部、腰部、臀部和腿部，动作一致地把伤员托起（图3-36）。

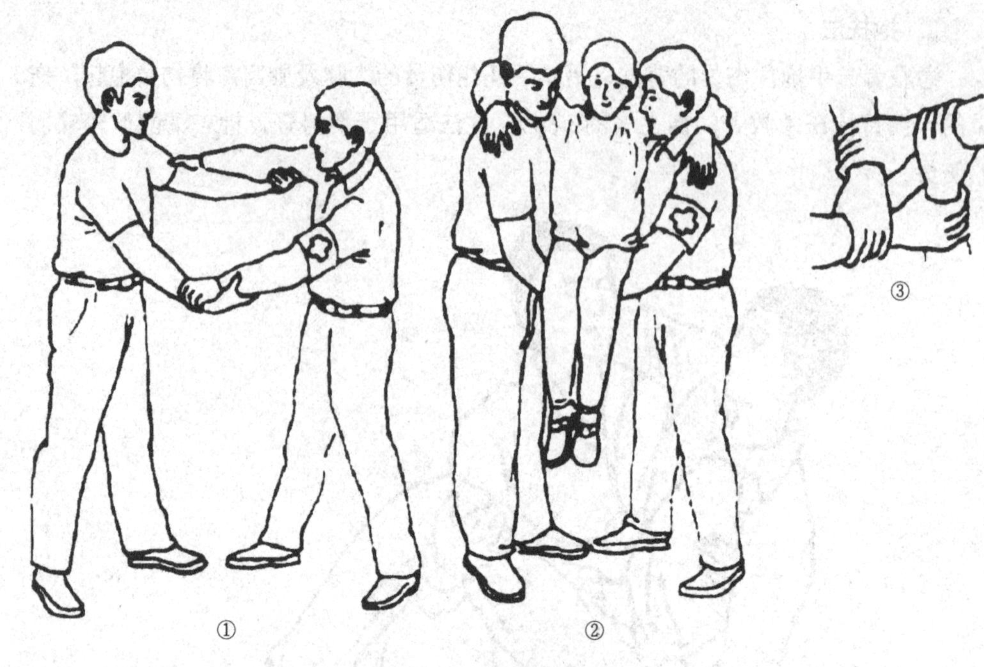

图3-35　托椅式搬运法

图3-36　卧式三人搬运法

（二）器械和车辆搬运法

在伤员伤病情况较重或较远距离转送，不适合徒手搬运时应采用担架或车辆等方式搬运。

1. 担架搬运法

将担架用棉被或毛毡垫好，将伤病员放入，并盖好保暖。若伤病员神志不清，需用宽带将其固定于担架上。如有脊柱骨折发生，将伤病员放入担架，需3～4人用手臂同时平托移动，不能使其躯干发生扭曲；在搬动颈椎损伤的伤员时，要有专人托扶其头颈部，沿躯干纵轴方向略加牵引，并使头颈部随躯干一同滚动，严禁随意搬动头部（图3-37）。

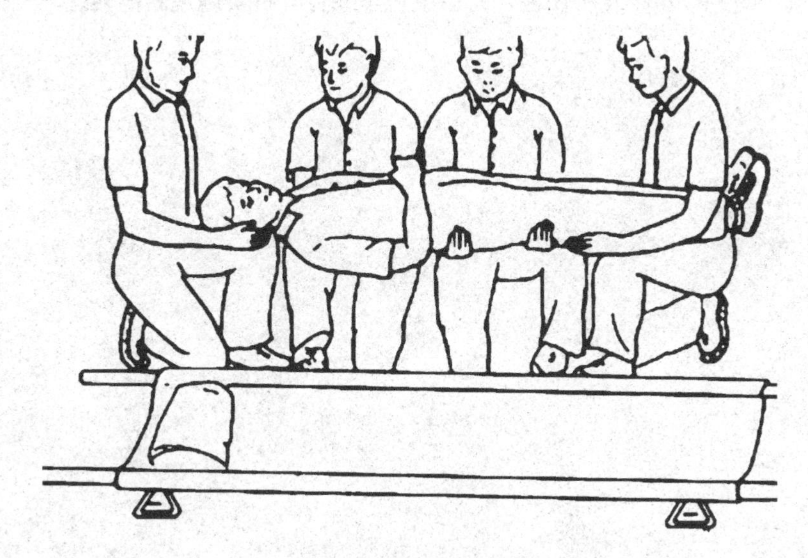

图3-37　颈椎骨折搬运法

转送脊柱骨折伤员最好选用特制的担架（脊柱固定板，图3-38），如果现场没有这种特制担架，可用床板或门板等临时替代。

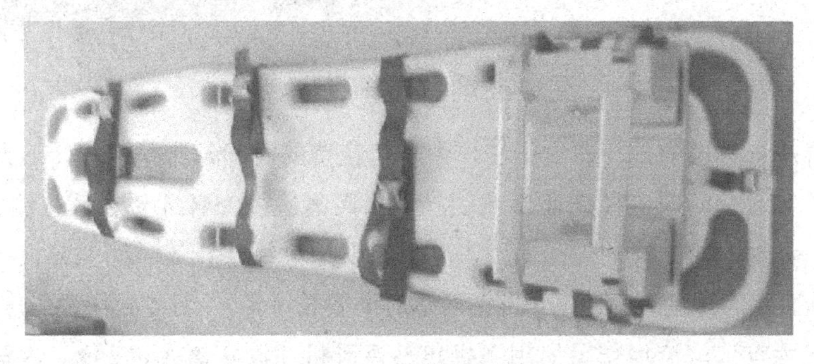

图3-38　脊柱固定板

2. 车辆搬运法

应用车辆时，最好用专业救护车，车宜慢行，避免震动。

（三）雪上体育运动项目发生伤病时常用的转运方式

由于冰雪运动损伤种类各不相同、转运距离远近不一，地区路况各有差异以及伤员病情的千变万化，转运方式的选择也各有不同。目前常用的转运方式为空运和路运，具体的转运工具有担架、救护拖船、雪地摩托、专业救护车、直升机等。在中级以上雪道发生的意外伤害事故，由于救护车常不能驶达现场或不满足直升机起降条件，通常由雪地摩托配合救护拖船（图3-39）将伤病员运到救护车（图3-40）或直升机（图3-41）停靠所在地，再由救护车或直升机实施远距离转运。

图3-39 雪地救护拖船转运伤员

值得注意强调的是，在实际工作中转运花费的时间常常是选择转运方式的关键，一般转运时间应该控制在2h内。伤病员距离医院250km以内者（约2h车程）以救护车为主，而同样的转运距离，由于路况原因往往转运时间差异很大（冰雪路面、砂石路的转运时间比高速路的转运时间要长得多），对复合伤、危重伤患者，则以空运为首选。空运伤员所用飞机包括直升机和固定翼飞机2种，两者各有利

弊，二者的选择也主要取决于空运的距离，距离在500 km以内宜用直升机，超过500 km宜用固定翼飞机。

图3-40　专业救护车转运伤员

图3-41　直升机转运伤员

近年来，随着野外救援工作的开展，全地形越野救护车和国际雪地医疗救援专用车的投入使用，大大提高了野外及极端特殊环境下的救援速度和救援效果。

全地形越野救护车（图3-42）的车身比普通急救车大很多，车厢内可同时放置上下4张担架，急救设备一应俱全。最具特色的当属雪地急救车宽大的轮胎，它们具有自动充气放气功能，防滑越野性能出色。

图3-42 全地形越野救护车

国际雪地医疗救援专用车（图3-43）为拥有超强越野能力的全地形车，具备陆地机动灵活的超强通过性能，能在雪地、冰面、深泥、岩石等最恶劣路面条件下安全顺利通行，还能在水上漂浮，甚至攀爬70°陡坡。该车共8个车轮，每个车轮可独立驱动，车上配有基本的救援设备和现场处置设备，备有真空负压担架和船形担架各一副。

搬运伤病员时的注意事项：

（1）搬运时，急救人员要保持冷静，应先了解伤病情况。除非环境情况紧迫，否则须加以初步急救处理后才能搬运。

（2）搬运前最好事先对伤患进行简要的解释和说明。

（3）多人同时参与时，需由一人统一指挥，动作要整齐，步伐均匀，如时间允许，宜先稍作练习。

图3-43　国际雪地医疗救援专用车

（4）如拖行伤患，应以身体长轴方向直向拖行（脚前头后），不可向侧面横向拖行，上下坡时宜平抬。

（5）凡头部、手臂、腿部、骨盆、背部骨折者不宜直立搬运，需先固定后才可搬运。脊柱任何部位发生骨折，应使用专用特制担架搬运，不可用帆布担架。

（6）昏迷伤病员应用侧俯卧位，使口鼻朝下，这样既不影响呼吸，又能顺利排出口腔和鼻腔的分泌物。有义齿的要取出，以免脱落时阻塞呼吸道。

第五节　急性闭合性软组织损伤的应急处理方法

闭合性软组织损伤是指损伤局部皮肤或黏膜完整，无裂口与外界相通，损伤时的出血积聚在组织内，这种损伤在体育运动中最为多见，主要有挫伤、肌肉肌腱拉伤、肌腱腱鞘炎、关节韧带扭伤、滑囊炎等。

当软组织发生闭合性损伤后，伤部常会迅速出现肿胀，早期处理对预后非常重要，从其病理变化和修复过程来看，急性闭合性软组织损伤治疗的黄金时间是受伤后的48h之内。损伤发生后应立即采取相应措施控制过度出血、防止二次伤害以有效缩短愈合时间。

紧急处理的目标是止血、镇痛、防肿和减轻炎症反应。按“PRICE”原则进行处理是传统的公认的处理急性运动损伤的标准方法，可在伤后立即施用，能有效控制组织内出血、水肿及过度的炎症反应，具体包括以下五个步骤：

一、保护

“P”（Protection）代表保护。运动损伤发生后，应迅速将伤者转移到安全地带，必要时使用夹板、护具、绷带等保护或固定受伤的部位，维持伤情稳定，限制超常范围的活动，避免受伤部位二次损伤或负重，是闭合性软组织损伤尽快康复的首要条件。

二、制动休息

“R”（Rest）代表制动休息。损伤发生后，要求立即停止受伤部位的运动，根据需要用石膏、拐杖或者支架等把处置过的损伤部位固定住使其充分休息以控制肿胀和炎症反应，恢复期也应避免刺激伤区及牵拉未愈合牢固的肌肉、肌腱等组织。

三、冷疗

“I”（Ice）代表冷疗。受伤之后应立即使用冷疗是处理急性闭合性软组织损伤的早期关键措施，这关系着复原时间的长短。冷疗可以在短时间内起到镇痛作用和减轻痉挛，使局部血管收缩和血液的黏度增加，毛细血管的通透性变少，组织的代谢率降低，对氧气和营养物质的需求量减少，限制流向患部的血流量，从而减少出血和渗出等炎症反应。常用的冷疗方式有冰袋局部冰敷（图3-44）便携式化学冷敷包（图3-45）或局部喷射制冷剂氯乙烷（图3-46）等，滑雪受伤可以就地取材，利用雪对受伤部位进行冷疗。冷疗的时间应根据损伤区域的大小和损伤组织的深度而定，但在损伤初期通常每隔2h进行一次，每次15～20min，损伤24h后，冷疗的频率可逐渐降低。

图3-44　冰袋局部冰敷图

图3-45　便携式化学冷敷包

图3-46　制冷剂氯乙烷

使用冷疗的注意事项如下：

（1）冷疗时为避免不适或发生冻伤，一定不要时间过长，且尽量不要让冰袋直接接触皮肤，可以用湿的弹性绷带或冰毛巾保护皮肤。

（2）为避免神经伤害，冷疗时要求避开尺神经、腓神经等表浅神经部位。

（3）不要太早停用冷疗而转用热疗，太早使用热疗会引起肿胀与疼痛，伤后48h内每天使用冷疗至少3～4次，较严重伤害时建议将冷疗的时限延长至伤后72h。

（4）如有循环系统疾病，雷诺氏病等，不可使用冷疗。

四、加压包扎

“C”（Compression）代表加压包扎。在几乎所有的急性损伤处置中都应采用加压包扎的方法。一般认为加压包扎可以增加组织间隙的压力，减少损伤部位的血流量，从而减少出血和肿胀。加压包扎可以在冷疗过程中或冷疗后进行，可以用绷带将冰袋包裹在伤处，也可以使用浸水后冷冻的弹力绷带，这样可同时起到冷疗和加压的作用。

使用加压包扎的注意事项如下。

（1）应从损伤部位的远心端向近心端牢固包扎。

（2）包扎时每层绷带应该有部分重叠，松紧适度，不要过紧，以免引起疼痛，常采用弹性绷带的最大长度的70%紧张度做加压包扎固定。

（3）必要时可以使用脱脂棉及毛巾等做的加压垫来进行加压包扎。

（4）在加压包扎过程中要注意观察露出伤肢末端的颜色、温度和损伤部位的感觉，保证绷带包扎没有压迫神经或阻断血流。如出现皮肤变色、疼痛加重、麻痹、刺痛等症状，表示包扎过紧，应解开弹性绷带重新包扎。

（5）如加压包扎与冷疗同时进行，须注意时间的限制，避免冻伤。冷疗是间断性的，而加压包扎则在一天中都可以连续使用。

五、抬高

“E”（Elevation）代表抬高患肢。抬高患肢只适合于肢体远端的损伤，在损伤发生后24 ～ 48h内，要尽量将患肢置于高于心脏水平的位置，这样可以减少通向损伤部位的血流量及减轻来自体液的压力，加速静脉血和淋巴液的回流，从而减轻肿胀和局部淤血及疼痛。但是由于血流的有效自动调节机制，受伤部位需抬高到高于心脏水平30 cm以上才能使血流量减少，实践中，常需将抬高患肢和加压包扎联合应用才能有效降低损伤部位的血流量，但需注意观察以避免因包扎方法不当而造成损伤部位的血流阻断，继而造成损伤部位的缺血再灌注损伤。而冷疗对缺血再灌注损伤也具有一定的防治作用。

如果伤员的伤势不十分严重，在受伤后一到两天内可自行参照以上“PRICE”原则进行处理，扭伤和拉伤等轻微损伤即可逐渐恢复。如果伤后48h后疼痛或肿胀依旧明显，则需根据伤情的严重程度请专科医生诊查。此原则也同样适用于陈旧性损伤或慢性损伤的运动后保养。

随着现代运动医学和康复医学的发展以及一些新的研究成果的应用，在运动损伤的处理中运动康复理念越来越受到重视，传统的处理急性闭合性软组织损伤的指导方法“PRICE”原则，未能充分体现早期康复手段介入的重要性，已经不能完全满足现代运动康复实践的要求，有学者提出应将“PRICE”原则更新为“POLICE”原则，即Protection（保护）、Optimal Loading（最适负荷）、Ice（冷疗）、Compression（加压包扎）和Elevation（抬高）。从制动休息（R）到最适负荷（OL）的变化体现的是现代运动康复的发展和早期介入及个性化等理念。

保护（P）和制动休息（R）是指在损伤后不同时期内对损伤部位的应力保护、去负荷和关节制动等干预措施。现代运动康复研究的相关的动物实验指出，在急性闭合性软组织运动损伤后的一段短时间内，应该尽量减轻损伤部位的负荷，避免过早过快的移动或运动。但是损伤后的制动休息应限定在一定时间内，而且应从损伤后即刻就开始计算。损伤部位长时间的失负荷状态不利于损伤的康复，并且会对组织的生物力学特性和形态产生不利影响。而渐进性的力学载荷刺激更有利于恢复胶

原组织的力学和形态学特征，因此康复的介入应该是越早越好，且应该将运动康复疗法与其他治疗干预方法组成一个有机的整体。最适负荷（OL）的提出亦如上所述，由于功能康复很好地融入了机械力学疗法（Mechanotherapy）的原则，其力学负荷刺激能够促进细胞的反应，继而可以加快组织结构的重塑，显著改善急性闭合性软组织损伤的康复效果。但需要寻找负荷和去负荷之间的平衡点即最适负荷，如果负荷过大，可能导致二次损伤。这个最适负荷是指用一个平衡、递增负荷的康复训练计划来替代PRICE中的制动休息（R），它涵盖了康复训练中所有的机械力学干预手段，还包括一系列徒手康复训练技术，这种针对不同种类及部位的损伤而进行的有针对性的早期活动训练可以促进损伤部位的康复。早期康复中的最适负荷可以通过加力或减力的方式来进行控制和调节，最典型的加力方式是抗阻力量训练，阻力可以来自器械或康复师的徒手技术。而减力方式调节和控制可以通过传统制动休息方法中使用的康复助行拐杖、运动贴布或护具等来实现。在早期功能康复中适度的应用冷疗可以有效减轻疼痛、肿胀、痉挛和神经抑制，可以帮助患者更早地开始功能康复训练，还可使患者在一定程度上耐受更大的负荷。目前，除了传统的冷疗方式外，根据不同需要，一些新型冷疗方法，如冷水浴和全身超低温冷疗技术等也在广泛应用。因此，在损伤患者的早期功能康复中科学合理的运用“POLICE”原则和方法，更有利于康复效果的取得。

第六节　开放性软组织损伤的应急处置

开放性软组织损伤是指受伤部位的皮肤或黏膜有破损，形成伤口与外界相通，容易引起出血和感染，是体育运动中一种常见的损伤。由于存在伤口感染的危险，早期处理不当，轻者可延长治疗时间，影响训练和比赛，重者可引起全身感染，甚至危及生命。因此，止血和防止伤口感染，促使创面早期愈合是处理开放性损伤的主要任务。体育运动中常见的开放性软组织损伤有擦伤、撕裂伤、穿刺伤、切割伤等。

一、擦伤

擦伤是指身体表面与粗糙的物体相互摩擦而引起皮肤表层的损伤（图3-47）。如运动中摔倒造成皮肤的擦伤。通常擦伤的特征是被擦破的皮肤伤口浅、面积大、边缘不整、表皮脱落、有点状出血及组织液渗出。无感染时，伤口因易干燥结痂而愈合。

二、撕裂伤

撕裂伤是指身体受钝性暴力打击引起的皮肤、皮下组织撕裂，易发生在皮薄肉少的部位（图3-48）。伤口多为锯齿状，比擦伤深且容易持续出血。运动中头面部皮肤撕裂伤最为多见，如双人花样滑冰或冰舞运动托举动作中，眉弓被队友肘击碰撞而引起眉际皮肤撕裂等。撕裂伤的伤口边缘不整齐，组织损害广泛，严重者可致组织坏死。

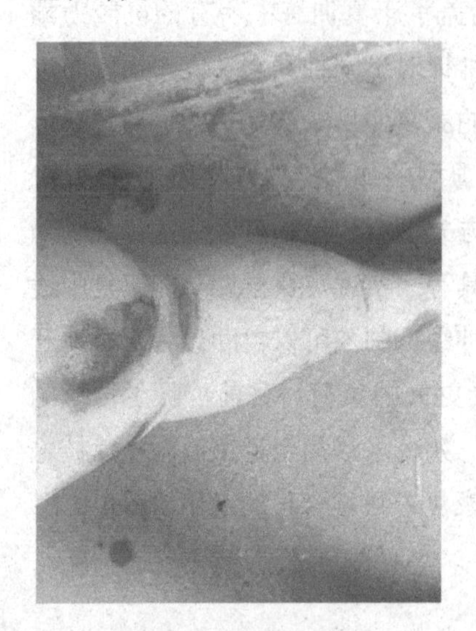

图3-47　膝部擦伤

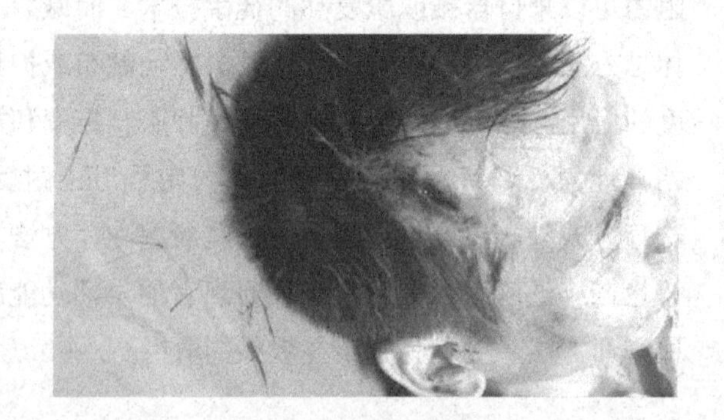

图3-48　颜面部撕裂伤

三、撕脱伤

撕脱伤：是指在剧烈摩擦或拉扯下，皮肤等组织被完整地拉扯剥离（图3-49）。

四、穿刺伤

穿刺伤是指因尖锐细物刺入人体所致的损伤（图3-50）。其特点是伤口细小，但较深，可能伤及深部组织或器官，或者将异物带入伤口深处，容易引起感染。例如高山滑雪运动中运动员偏离滑道身体失去控制被树木、滑雪杖及损坏的滑雪板等尖锐物体刺伤。

五、切割伤

切割伤：是指因锐器切入皮肤及皮下组织所致的损伤（图3-51）。如滑冰时被

冰刀划伤或切伤。伤口边缘整齐，多呈直线，出血较多，但周围组织损伤较轻，深的切割伤可切断大血管、神经、肌腱等组织。

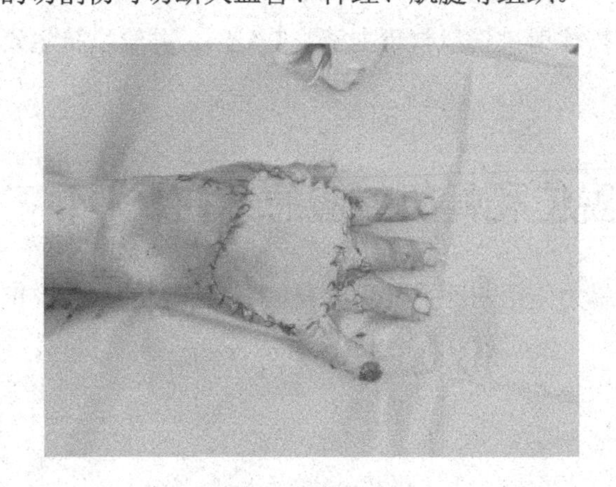

图3-49 四肢撕脱伤

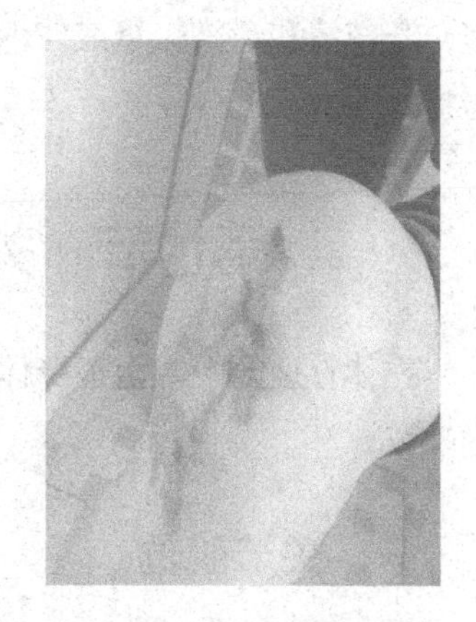

图3-50 穿刺伤

以上这些损伤的特点是有伤口和出血，所以现场应急处理时必须进行可靠的止血和保护伤口。为了预防和减轻感染，应注意无菌操作。

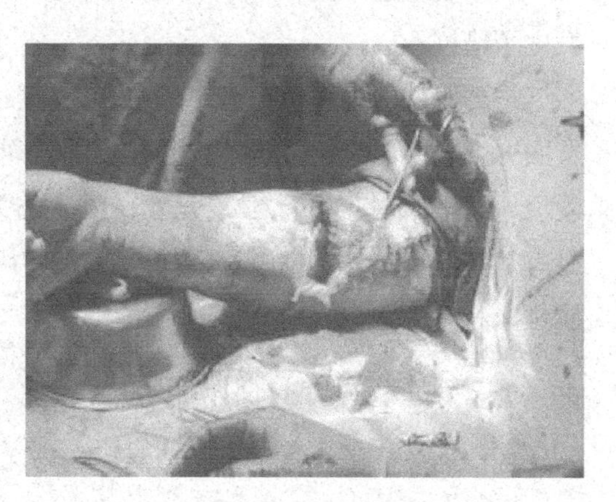

图3-51 肢体切割伤

对于伤口较浅，面积小的擦伤，可用生理盐水或清水洗净伤口，周围用75%的酒精消毒，局部擦以红汞或紫药水，一般无须包扎，让其暴露在空气中待干即可，也可覆以无菌纱布。关节附近的擦伤，一般不用暴露疗法，伤口经消毒处理后，多采用消炎软膏或多种抗菌软膏搽抹，并用无菌敷料覆盖包扎。因为创面干裂易影响关节运动，一旦发生感染，也易波及关节。如伤口较大且内有砂石等异物，可先用生理盐水洗净伤口，用1%盐酸利多卡因局部浸润麻醉后用已消毒的毛刷等清除异物，再用用双氧水等消毒伤口，根据需要用力凡诺尔或凡士林纱布湿敷，外用消毒纱布加压包扎。

在现场处理撕脱伤时应用无菌敷料加压包扎止血，同时保存好被撕脱的头皮或皮肤等组织一起急送医院进一步救治。对于情况不明的穿刺伤，注意不要轻易拔出刺穿物，以免引起大出血等危急情况，发生或切断神经血管等重要组织器官，现场需对穿刺物和身体做可靠的固定。若撕裂或切割的伤口较小，经消毒处理后，用黏膏或创可贴粘合即可。较大、较深的不洁伤口，则须现场加压包扎处理后转送医院，根据具体伤情及是否有神经、血管、肌腱等损伤而采取相应的治疗措施。若伤情和污染较重或较深时，需注射破伤风抗毒血清（T.A.T），并给以抗生素治疗。

第七节　关节脱位和骨折的应急处置

在体育运动中，由于身体受到暴力作用，严重时可以发生不同部位的关节脱位或骨折。

一、关节脱位

关节脱位也称脱臼，脱位是指组成关节的各骨的关节面失去正常的对应关系，发生了错位。

根据脱位的程度可分为半脱位和完全脱位。前者为关节面部分错位，后者为关节面完全脱离原来的位置。按脱位后的时间来分，分为新鲜脱位和陈旧性脱位（指脱位超过三周以上者）。体育运动中发生的关节脱位多为间接外力作用所致，以肩、肘、手指关节最易发生脱位，如冰雪运动中摔倒时手撑地而引起的肩关节或肘关节脱位。

（一）关节脱位的临床表现

外伤性关节脱位常可有关节囊、韧带和肌腱等软组织撕裂或伴有骨折发生，具有一般损伤的症状和脱位的特殊性表现。

1. 一般症状

（1）局部疼痛：活动患肢时疼痛加重。

（2）肿胀：因出血、水肿，使关节明显肿胀。

（3）关节功能障碍：关节脱位后结构失常，关节失去正常活动功能。

2. 特殊性表现

（1）关节畸形。关节脱位后，骨端关节面的位置和正常骨性标志发生改变而出现关节畸形。脱位的肢体轴线发生改变，出现旋转、内收或外展以及外观变长或缩短等畸形，与健侧不对称，有时可在异常的位置摸到移位的骨端。如肩关节前脱位时，在原来空虚的腋窝下可触及肱骨头，原来丰满的三角肌塌陷而出现方肩畸形（图3-52）。

（2）关节盂空虚。关节脱位后，原来位于关节盂里的骨端脱出处于异常位置，致使关节盂空虚。最初的关节盂空虚较易被触知，但肿胀严重时则难以触及。如肩关节前脱位，肩峰下关节盂空虚（图3-52）。

（3）弹性固定。脱位后，关节周围的肌肉痉挛收缩，可将脱位后的骨端保持在特殊的位置上，被动活动该关节时，仍可轻微活动，但有弹性阻力，被动活动停止后，脱位的骨端又恢复原来的特殊位置，这种情况，称为弹性固定（图3-53）。

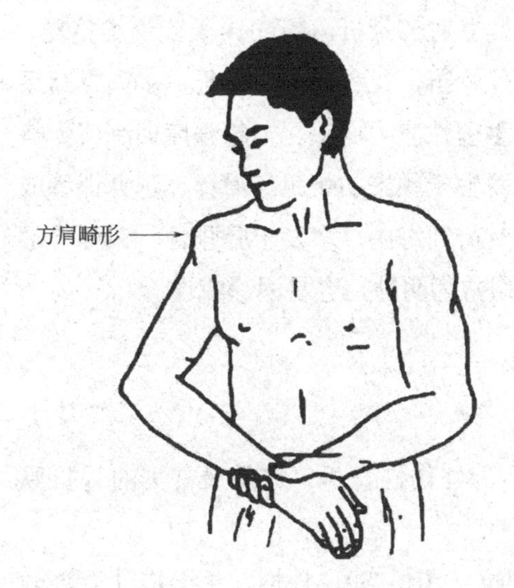

图3-52　关节盂空虚

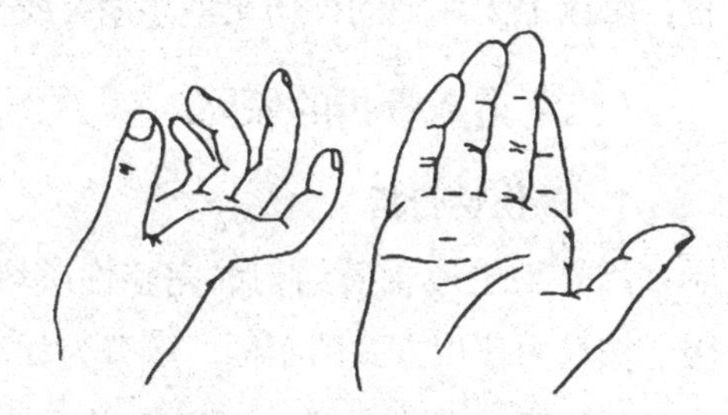

图3-53　掌指关节脱位后弹性固定

3. X线检查

脱位关节正侧位X线片检查，可明确脱位的类型和程度，以及有无合并骨折的情况。

二、骨折

由于外力作用使骨的完整性或连续性受到破坏所引起的骨结构完全或部分断裂，称为骨折。体育运动中，骨折可能发生在暴力直接作用的部位，如花样滑冰不慎跪倒引起的髌骨骨折。骨折也可能发生在远离暴力接触的部位，如雪上运动时摔倒手撑地而发生的前臂或锁骨骨折等。

（一）常用的骨折分类方法

（1）依据骨折是否和外界相通，将骨折分为闭合性骨折和开放性骨折（图3-54）。

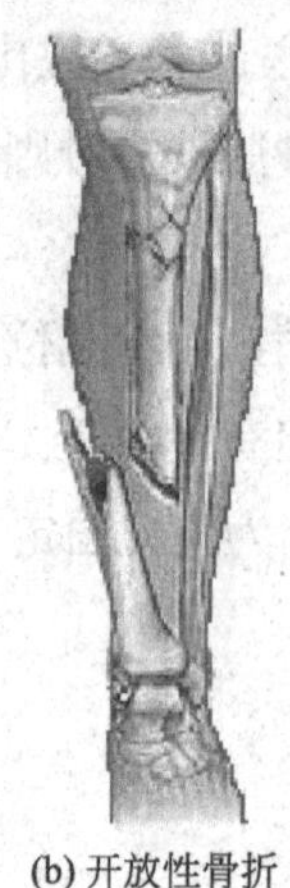
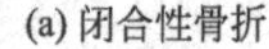
(a) 闭合性骨折　　(b) 开放性骨折

图3-54　骨折的分类

（2）依据骨折的程度，将骨折分为完全性骨折和不完全性骨折。

（3）依据骨折后的时间，将骨折分为新鲜骨折和陈旧性骨折。一般骨折三周之内的称为新鲜骨折，三周以后的称为陈旧性骨折。一般2～3周以内的骨折尚未充分纤维连接，仍可能进行复位。但三周的时限并非恒定，如儿童肘部骨折，超过10天就很难整复。

（4）疲劳性骨折，又称应力性骨折，多因骨骼系统长期受到非生理性应力所致，与超强度训练或姿势不当有关，多发生于频繁的长距离滑行、越野训练或单一课目的超负荷训练中，多发于胫腓骨、跖骨等部位。临床上无典型的外伤史，早期X线平片通常为阴性，容易漏诊或误诊。

（二）造成骨折的原因

1. 外伤性骨折

因暴力造成骨质结构的完整性破坏，称为外伤性骨折。这是最常见的骨折原因。按暴力作用方式的不同，可分为如下四种。

（1）直接暴力：暴力直接作用于骨折部位（图3-55）。骨折发生于被外力接触的部位。如打击、撞击、压砸、枪伤、炸伤等。

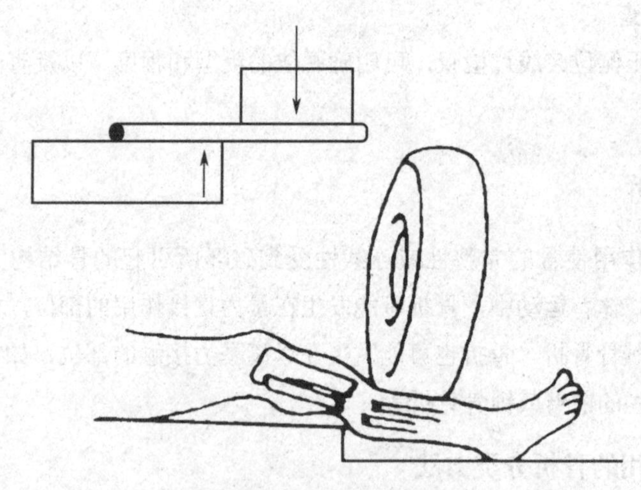

图3-55　直接暴力所致骨折

特点：骨折处软组织损伤较严重；骨折常为横形或粉碎型；双骨部位发生骨折，骨折面一般在同一水平面上；开放性骨折因打击物由外向内穿破皮肤，极易造

成感染。

（2）间接暴力：暴力作用时通过骨、关节、肌肉或韧带等纵向传导，由于成角或杠杆外力、扭转外力及传达外力造成一定的部位发生骨折（图3-56）。骨折常发生于远离外力接触的部位，多在骨质较薄弱处。

特点：骨折处软组织损伤较轻；骨折多为斜型或螺旋型；双骨部位发生骨折，骨折面一般不在同一水平面上；开放性骨折因骨折断端由内向外穿破皮肤，感染机会较少。

（3）肌肉收缩：由于肌肉强烈急骤的收缩和牵拉而发生骨折（图3-57）。如跌倒时股四头肌剧烈收缩，导致髌骨骨折或胫骨结节骨骺分离等。

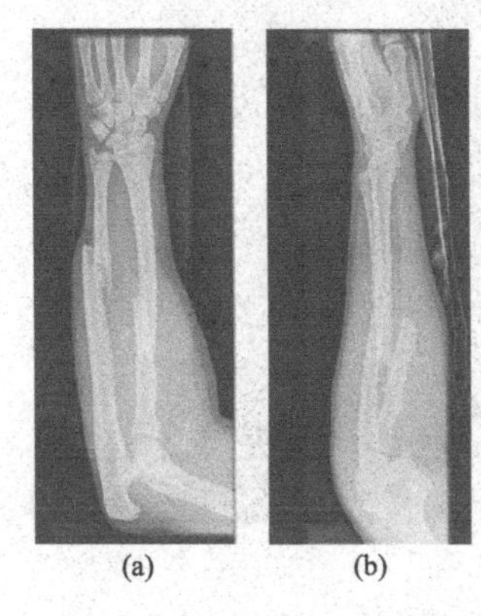

(a)　(b)

图3-56　间接暴力所致骨折

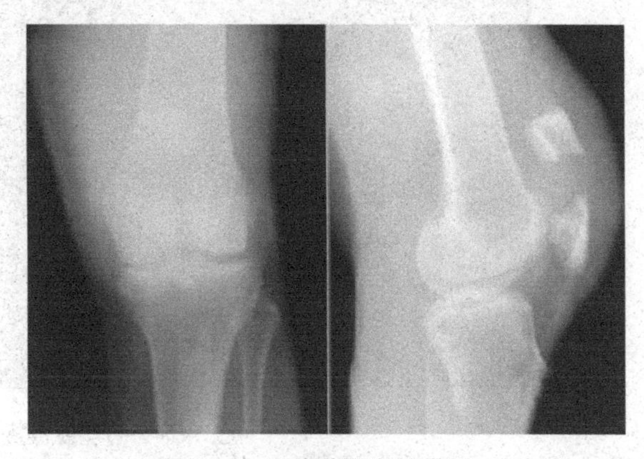

图3-57　肌肉收缩所致骨折

（4）重复暴力：反复的暴力作用于同一部位，可逐渐发生骨折，也称为疲劳骨折（图3-58）。如经常反复跳跃、长距离运动，发生第二、三跖骨、胫骨、股骨、腓骨或股骨颈骨折等。

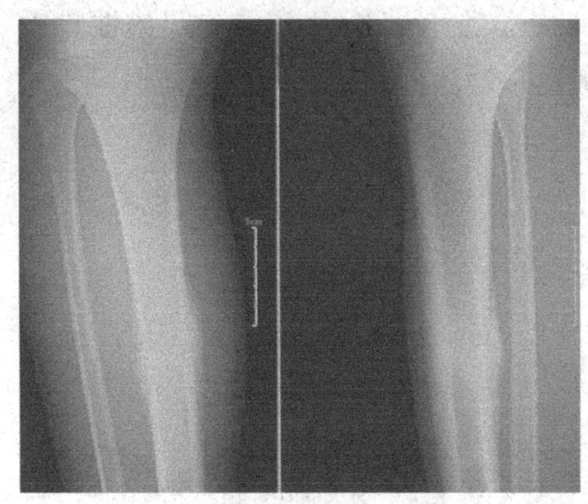

(a) 胫骨疲劳性骨折

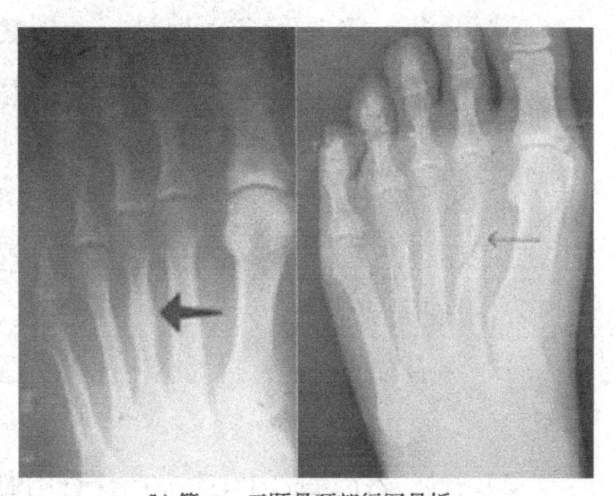

(b) 第二、三跖骨颈部行军骨折

图3-58　重复暴力所致骨折

2. 病理性骨折

由于全身或骨本身局部的病损引起的骨折，称为病理性骨折（图3-59）。病理性骨折发生以前，骨本身即已存在影响其结构坚固性的内在因素，如先天性脆骨病、佝偻病、甲亢、骨结核、骨肿瘤等骨骼病变，这些内在因素易使骨结构变得薄弱，在不足以引起正常骨骼发生骨折的轻微外力作用下，即可造成骨折。

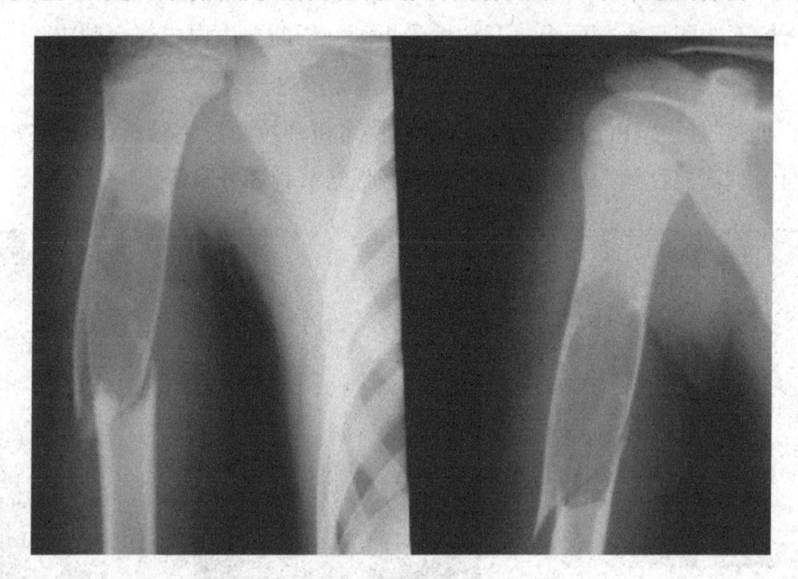

图3-59 病理性骨折

（三）骨折的临床表现

大多数骨折一般只引起局部症状，严重和多发性骨折可导致全身反应。

1. 全身表现

（1）休克：多见于多发性骨折、骨盆骨折、股骨骨折及严重的开放性骨折等，患者常由于广泛的软组织损伤、大量失血、剧烈疼痛或并发内脏损伤等引起休克。

（2）发热：闭合性骨折处常有大量内出血，血肿吸收时，伤者体温略有升高，但一般不超过38℃；开放性骨折的伤者体温升高时应考虑有感染的可能。

2. 一般局部症状

（1）疼痛与压痛：骨折处感疼痛，有直接压痛及间接叩击痛，移动患肢时疼痛加剧。

（2）肿胀及淤血：因骨折后局部有出血、创伤性炎症及水肿改变，受伤一二日后出现更为明显的肿胀，有时可产生张力性水泡。表浅的骨折及骨盆骨折皮下可见

淤血。

（3）功能障碍：由于骨折失去了骨骼的支架和杠杆作用，加上疼痛、肌肉痉挛及周围软组织损伤等，使肢体丧失部分或全部活动功能。

3. 特殊性表现

（1）畸形：骨折后，由于暴力及肌肉牵拉作用，使骨折断端发生重叠移位或旋转，造成成角畸形和肢体变短等现象。

（2）反常活动：正常情况下肢体不能活动的部位，骨折后出现类似关节活动的假关节反常活动。

（3）骨摩擦音及骨摩擦感：移动骨折肢体时，两骨折端相互摩擦可产生骨摩擦音或骨摩擦感。由于骨断端相互触碰或摩擦产生，一般在检查骨折局部时用手触摸偶然感觉到或听到。

畸形、骨摩擦音、异常活动三种特殊征象是骨折所特有的，只要发现其中之一，即可确诊。但有时未见这三种征象也不能完全排除骨折，如嵌入骨折、裂纹骨折、青枝骨折就可能没有明显的特殊体征。

骨折端间有软组织嵌入时，可以没有骨摩擦音或摩擦感。反常活动和骨摩擦音及骨摩擦感只能在检查时加以注意体会，决不应刻意寻找使之发生，以免增加患者的痛苦，或导致严重的并发症，如使锐利的骨折端损伤附近的血管、神经及其他软组织，有时也可能造成嵌插骨折松脱而移位。

凡疑为骨折者应常规进行X线拍片检查，可以显示临床上难以发现的不完全性骨折、深部骨折、关节内骨折和小的撕脱性骨折等。即使临床上已表现为明显的骨折者，X线拍片检查也是必要的，可以明确骨折的类型、性质、骨折断端的移位情况等，对于骨折的治疗具有重要的指导意义。

骨折的X线检查一般应拍摄包括邻近一个关节在内的正、侧位片，必要时应拍摄特殊位置的X线片。如寰枢椎拍开口位片，腕骨、掌骨和跖骨拍正位和斜位片，跟骨拍侧位和轴心位片。有时不易确定损伤情况时，尚需拍对侧肢体相应部位的X线片，以便进行对比。值得注意的是，有些轻微的裂纹骨折，急诊拍片虽未见明显的骨折线，但根据较明显的临床症状及受伤病史，也应按骨折进行处置，于伤后1～2周再拍片复查，此时骨折端吸收常可出现骨折线，如腕舟状骨骨折。

三、关节脱位和骨折的现场应急处置

对关节脱位或骨折者应争取尽早进行手法复位，若参与急救者不会复位，或由于现场条件限制无法完成复位者，均应立即用夹板或绷带等在脱位、骨折所保持的姿势下固定伤肢，保持伤员安静，尽快送医院处理。

（一）关节脱位的应急处置

关节脱位后的治疗以手法复位为主，时间越早，复位越容易，效果越好。如现场不能复位，应将受伤的关节进行妥善固定后，迅速转送。以肩关节和肘关节脱位为例简要说明。

1. 肩关节脱位的急救

肩关节脱位后现场应将患肢肘关节呈90°固定，用三角巾悬吊于胸前，送往医院，由专科医生将患者已脱出的肱骨头回纳到原来的关节窝里。复位后肩关节须固定，单纯肩关节脱位用三角巾悬吊于胸前（图3-60）；如患者关节囊破损明显，或肩周肌肉被撕裂，应将患肢手掌搭在对侧肩部，肘部贴近胸壁，用绷带固定在胸壁，一般需固定3周。

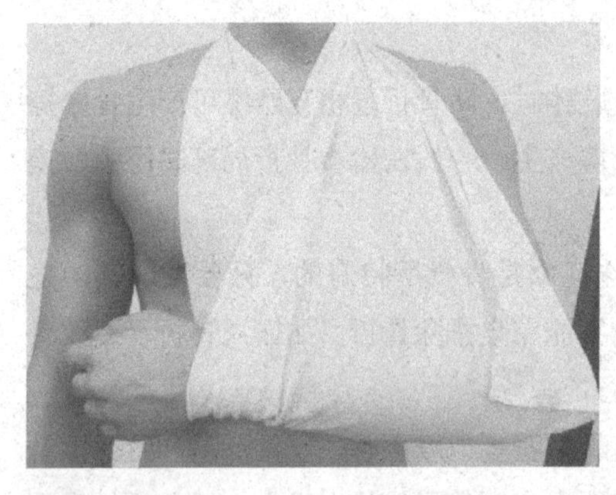

图3-60　肩关节脱位的急救

2. 肘关节脱位的急救

发生肘关节脱位时，现场不要强行将处于半伸位的伤肢拉直，以免引起更大的损伤。可用绷带或三角巾将伤员的伤肢呈半屈曲位（肘关节135°左右）固定后（图3-61），再悬吊固定在前胸部，送往医院接受治疗。

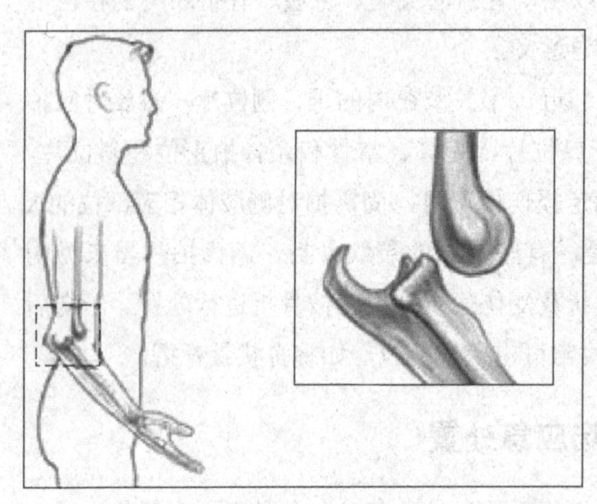

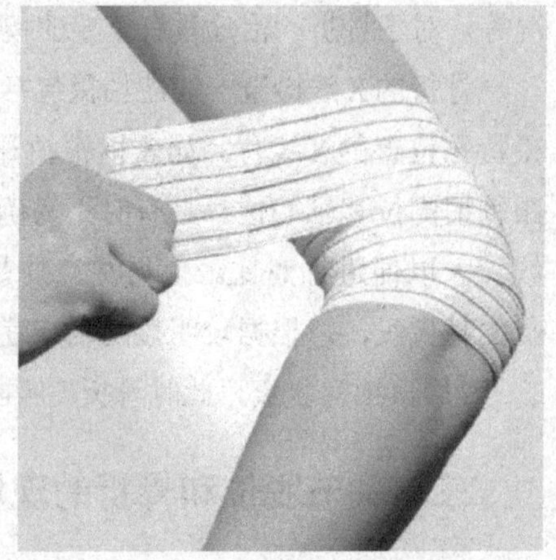

图3-61　肘关节脱位及其急救

（二）骨折的应急处置

发生骨折后，为达到止痛、制动、减轻伤员痛苦，保护伤口，防止伤情加重，预防感染和休克，便于运送的目的，应根据伤后所在地点、时间、伤口的性质以及伤员全身表现等不同情况，做出迅速有效的应急处置，主要遵循以下5个原则。

1. 抢救生命

严重创伤现场急救的首要原则是抢救生命。如发现伤员心跳、呼吸已经停止或濒于停止，应立即进行胸外心脏按压和人工呼吸；昏迷病人应保持其呼吸道通畅，及时清除其口咽部异物；病人有意识障碍者可针刺其人中、百会等穴位；开放性骨折伤员伤口处可有大量出血，一般可用敷料加压包扎止血；四肢骨折处出现局部迅速肿胀，提示可能是骨折断端刺破血管引起内出血，切不可随意搬动伤肢，可临时固定骨折断端后对局部压迫止血；对于大动脉出血难以止血时，可选择止血带止血。如遇以上有生命危险的骨折病人，现场紧急处置后应快速转送医院救治。

2. 伤口处理

开放性骨折的处理除应及时恰当止血外，还应立即用消毒纱布或干净衣物包扎伤口，以防伤口继续被污染。伤口表面的异物要取掉，外露的骨折端切勿推入伤口，以免污染深层组织。有条件者最好用消毒液冲洗伤口后再包扎、固定。

3. 简单固定

骨折现场急救时及时正确地固定断肢，可减少伤员的疼痛及周围组织继续损伤，同时也便于伤员的搬运和转送。但急救时的固定是暂时的。因此，应力求简单而有效，不要求对骨折准确复位；开放性骨折有骨端外露者，原则上不应在现场复位，而应用干净敷料覆盖原位固定，待到医院清创后一并处理。

急救现场可就地取材，如木棍、板条、树枝、手杖或硬纸板等都可作为固定器材，其长短以固定住骨折处上下两个关节为准。如找不到固定的硬物，也可用布带直接将伤肢绑在身上，骨折的上肢可固定在胸壁上，使前臂悬于胸前；骨折的下肢可同健肢固定在一起。

4. 必要止痛

严重外伤后，强烈的疼痛刺激可引起休克，若无脑、胸腹部重要脏器合并伤，如疼痛剧烈，可适当使用镇痛药。

5. 安全转运

经以上现场救护后，应将伤员迅速、安全地转运到医院救治。转运途中要注意动作轻稳，防止震动和碰坏伤肢，以减少伤员的疼痛。骨盆骨折是一种严重外伤，出血量大且难以止血。当怀疑有骨盆骨折时，应立即用宽大的棉织品或三角巾紧紧捆住臀部，将骨盆切实固定起来，防止骨折端继续出血。再用棉织品将双膝关节隔开并绑扎在一起后，三人平托轻轻将伤患放在硬板上，使之膝关节屈曲，下方垫上软物，减轻骨盆骨折的疼痛，并将其迅速送往医院抢救。

第八节　内脏损伤的应急处置

在冰雪体育运动中，有时运动员由于受到猛烈撞击等原因，可能发生内脏损伤。有些内脏损伤会在数小时后才出现症状，并且发展成危及生命的状况。常见的内脏损伤有内脏神经丛痉挛、胸腹部脏器的挫伤及破裂，内脏损伤极易引起大出血或剧痛而致休克。

一、内脏神经丛痉挛

腹腔内脏器众多，神经分布尤为丰富。支配腹腔各脏器的交感神经和副交感神经，彼此交错成神经网络，在腹腔内形成了很多神经丛，其中最主要的神经丛为太阳神经丛。太阳神经丛位于腹腔正中，因其由中心向四周展开,就像太阳散发光线的样子,所以又被称为太阳神经丛。相当第12胸椎至第一腰椎段，体表位置在腹前壁的剑突与肚脐之间。腹腔太阳神经丛分为两个半月神经节，与腹腔内的其他神经丛构成复杂的神经联系，广泛分布于腹壁、腹膜及腹内脏器。腹壁和腹膜受到震荡、牵拉，都可能刺激腹腔太阳神经丛引起神经反射。因此，在体育运动中造成肚脐以上的上腹部，尤其是剑突下的心窝处受到打击或撞击，横膈膜收到太阳神经丛的刺激信号而痉挛，可立即引起剧烈的肋骨下方疼痛、使人无法呼吸、不能直立、腹肌痉挛、瘫倒在地，甚至可以因为强烈的神经反射作用，使人晕厥或昏迷。有时因猛烈地打击或撞击心窝处，可以将胸骨剑突折断造成大量的腹腔内出血，导致更严重的后果。

急救处理需先安抚伤者，解除影响呼吸的衣物、装备等。鼓励伤者先做浅呼吸，再做缓慢的深呼吸，并密切监测其呼吸和循环状况。如伤者几分钟后呼吸循环恢复正常，伤处无变形与疼痛时，可允许其重返赛场。如果伤处持续疼痛或伤者出现休克、呕吐及咳出物有血等时，表示损伤较重或合并有内脏损伤，应简单急救处理，必要时进行心肺复苏术后转专科医院进行救治。

二、胸部损伤

运动中造成的胸部损伤分为钝性伤和穿透性伤两大类，损伤原因多种多样，但就受伤机制可归纳为三大类：急剧减速和加速；挤压；高速撞击。

常见的胸部损伤包括胸部挫伤、裂伤、肋骨骨折、气胸、血胸、肺裂伤、肺挫伤等。根据损伤轻重程度可出现相应的临床症状：

（1）胸部挫伤，局部出现血肿、青紫、皮肤损伤；

（2）胸壁裂伤，胸壁出现伤口，如伤口与胸膜腔相通，伤口处有气泡或吱吱声，称为开放性气胸，呼吸困难，甚至窒息；

（3）肋骨骨折，可单根或多根骨折，发生在一侧或双侧，表现有胸壁凹陷，呼吸、咳嗽时由于胸廓活动，骨折处疼痛加重，合并血胸，引起呼吸困难；

（4）血胸和气胸，由于肋骨骨折刺伤周围组织造成。

胸部损伤有时还合并腹部损伤。

胸部多发性损伤如早期处理不当，可导致严重后果。院前急救处理包括基本生命支持与严重胸部损伤的紧急处理。基本生命支持的原则为：维持呼吸道通畅、给氧、控制外出血、补充血容量、镇痛、固定骨折、保护脊柱（尤其是颈椎），并迅速转运。威胁生命的严重胸部外伤需在现场施行特殊急救处理：如张力性气胸需放置具有单向活瓣作用的胸腔穿刺针或胸腔闭式引流；开放性气胸需迅速包扎和封闭胸部吸吮伤口，有条件时安置穿刺针或引流管；对大面积胸壁软化的连枷胸有呼吸困难者，予以人工辅助呼吸。

三、腹部损伤

由于致伤原因、受伤的器官及损伤的严重程度不同，以及是否伴有合并伤等情况，腹部损伤的临床表现差异很大。轻微的腹部损伤，临床上可无明显症状和体征；而严重者可导致脏器破裂出血，如肝脏、脾脏和肾脏等破裂而出现的失血性休克甚或处于濒死状态。一般来说，单纯腹壁损伤的症状和体征较轻，可表现为受伤部位疼痛、局限性腹壁肿胀和压痛，有时可见皮下瘀斑。其程度和范围不是逐渐加重或扩大，反而随时间的推移逐渐减轻和缩小。合并腹部内脏损伤时，如果仅为挫伤，伤情也不重，可无明显的临床表现。如为破裂或穿孔，临床表现往往非常明显，当内脏破裂出血达到一定量时，可表现出失血性休克的症状，如出冷汗、面色苍白、呕吐、脉细而快等；消化道穿孔可表现出腹膜炎的症状，如腹痛、拒按压腹部、腹部发硬等。总的来说，其临床表现可因受伤器官性质及损伤程度的不同而出现不同症状。

早期正确的诊断和及时合理的处理，是降低腹部创伤死亡的关键。急救时需询问伤者受伤时的情况及暴力大小、受伤部位等，以求对腹部损伤做出及时正确的诊断和处理。伤员的急救与其他脏器伤的急救一样，应先注意检查有无立即威胁生命的情况存在，并应迅速予以处理，当发现腹部有伤口时，应立即予以包扎，对有内脏脱出者，一般不可随便回纳以免污染腹腔，可用急救包或大块敷料严加遮盖，然后用军用碗（或用宽皮带作为保护圈）盖住脱出之内脏，防止受压，外面再加以包扎，如果脱出的肠管有绞窄可能，可将伤口扩大，将内脏送回腹腔，此时的主要矛盾是肠坏死而不是感染。脱出的内脏如有破裂，为防止内容物流出，可在破口处用钳子暂时钳闭，将钳子一并包扎在敷料内；如果腹壁大块缺损，脱出脏器较多，在急救时应将内脏送回腹腔，以免因暴露而加重休克。四肢如有骨折，在搬动前应初步固定，休克发生前应积极预防休克，保持伤员安静，进行必要的止痛处理（未明确诊断前，禁用吗啡等止痛剂）和补充液体，当休克发生后，必须快速输血，输液，以尽快恢复血容量，使血压回升，输血的静脉最好选用上肢，因为在腹部伤中，可能有下腔静脉系统的血管损伤，用下肢输血有增加内出血的可能。

急救处理后，在严密的观察下，用衣物垫于膝后，使髋膝呈半屈状以减轻腹壁张力，减轻伤员痛苦，尽快转送到医院进一步救治。

病史和体格检查结果是诊断外科疾病的主要依据，腹部损伤也不例外。但有时因伤情重、时间紧，不允许对病人进行详细询问病史和体格检查，为了尽可能做到正确的诊断和及时的治疗，应该一边询问病史、一边进行体格检查，同时采取一些必要的紧急救治措施，如维护呼吸道通畅、暂时控制出血、输血补液及抗休克等。无论是开放性还是闭合性腹部损伤，诊断中最关键的问题是确定是否有内脏损伤，其次是什么性质的脏器受到损伤和是否为多发性损伤。很明显，有上述几种情况者，其病情远比无内脏损伤者严重，而且一般都需尽早手术治疗；否则，就有可能因延误手术时机而导致严重后果。根据受伤后的临床表现，多数可确定有无内脏受损；少数伤者可能由于某种原因而使诊断困难。例如，有些伤者内脏破损较小，内脏出血量少，伤者多无不适表现，或受伤后马上即来就诊，这时其腹内脏器损伤的体征尚未明显表现出来，因而容易漏诊；单纯腹壁损伤伴有严重软组织挫伤者，其腹部体征常非常明显而易误诊有内脏损伤，因此应予以注意。需要强调的是：有些伤者可能同时有腹部以外脏器的损伤，如颅脑损伤、胸部损伤、骨盆损伤或四肢骨折等，由于合并损伤的伤情较严重而掩盖了腹部内脏损伤的表现，以至于伤者、陪

伴者、甚至医务人员的注意力均被引至合并损伤的表现上，而忽略了腹部损伤情况造成漏诊。

四、睾丸创伤

阴囊软组织松弛，睾丸活动度较大，但阴囊内容物组织脆嫩，抗损伤能力较差。因此，运动中由于直接撞击造成的阴囊及其内容物的损伤临床上并不少见，常同时出现睾丸、鞘膜、精索及阴囊壁的损伤。严重时睾丸可能破裂或被扭转而造成供血中断。发生时可见阴囊肿胀、皮肤青紫淤血，患侧睾丸肿大质硬，一般会感到剧烈疼痛和有明显触痛，痛感可放射至下腹部、腰部或上腹部，甚至可发生痛性休克。同时可伴有恶心、呕吐症状。睾丸破裂时，睾丸变形、界限触不清；睾丸脱位时，阴囊空虚，常在下腹部、会阴部扪及睾丸状肿物；睾丸扭转时，睾丸升高呈横位或附睾位于睾丸前方，精索变粗，上抬阴囊和睾丸时，疼痛不减轻或反而加重。常伴有阴囊血肿、鞘膜积液或鞘膜积血、血尿或尿液浑浊等。

急救时先将伤者放置于舒适的姿势，对于睾丸挫伤者应立即冰敷伤处15～20min，嘱其做深呼吸，转至仰卧位进行缓慢的髋关节至全腿的屈伸活动。如20min内疼痛未见缓解或出现睾丸上移、肿胀、变形；血尿、尿液浑浊；或伤后出现异常柔软等状况，应立即转送；对于阴囊部开放性损伤者，应予包扎处理立即转送有条件的医院进一步救治；对于存在睾丸脱位及扭转者，应尽早将睾丸复位固定，除睾丸固定外，精索也作适当固定以避免再次脱位或扭转。如果治疗时间延迟，睾丸已坏死就只能切除睾丸避免阴囊内感染。

第九节　冻僵冻伤的应急处置

当外界环境温度低至零摄氏度以下时，紧贴皮肤的血管开始收缩，暴露于强风时也可能引起同样的反应。这种血管收缩有利于维持身体中心的温度。在极度寒冷或身体暴露于寒冷环境过长时间，这种保护性反应会严重减少身体一些部位的血流供应，情况加重进而可引起冻僵冻伤等病理反应。在冰雪体育运动中，参与者有时不慎会发生冻僵冻伤等情况，应积极预防并在发生时及时采取必要的急救措施，否则常会继发顽固的皮炎湿疹类皮肤病，甚至造成更加严重的后果。冻僵又称意外低温（图3-62），是由于寒冷环境引起体温过低所导致的，以神经系统和心血管损伤为主的严重的全身性疾病。冻伤主要是由于寒冷引起的皮肤或其他组织的局部伤害。冻伤多发生于散热较快而血液循环又不畅的身体组织的末梢以及大部分暴露的部位，如手、脚和耳、鼻等处，有时被陷埋于雪中时还可发生在臀部、腹壁或外生殖器官。

图3-62 意外落水冻僵

一、冻僵

冻僵患者在受寒冷初期有头痛、不安、四肢肌肉和关节僵硬、皮肤苍白冰冷等症状，随着冻僵程度加重，临床症状亦有不同程度加重。根据中心温度(直肠温度)将冻僵划分为轻、中、重三度。

1. 轻度冻僵：直肠温度为34～36℃

临床表现：血压升高、心率和呼吸加快、寒战、疲乏、健忘和多尿，逐渐出现不完全性肠梗阻。

2. 中度冻僵：直肠温度为30～33.9℃

临床表现：表情淡漠、精神错乱、心跳和呼吸减慢、感觉和反应迟钝、语言障碍、运动失调或昏睡。心电图示心房扑动或颤动、室性期前收缩和出现特征性的J波(位于QRS综合波与ST段连接处，又称osborn波)。体温在30℃时，寒战停止、神志丧失、瞳孔扩大和心动过缓。心电图显示PR间期、QRS综合波和QT间期延长。

3. **重度冻僵：直肠温度低于30℃**

通常，中心温度在25～27℃之间为低温致死限，往往难于复苏。

临床表现：呼吸减慢、瞳孔对光反应消失、血压下降、昏迷、心室颤动和少尿；体温降至24℃时，出现僵死样面容；体温低于20℃时，皮肤苍白或青紫、心搏和呼吸停止、瞳孔固定散大、四肢肌肉和关节僵硬，心电图或脑电图示等电位线。

二、冻伤

冻伤可发生在任何皮肤表层上，冻伤局部先有寒冷感和针刺样疼痛，皮肤苍白，继之出现麻木或知觉丧失，其突出的临床表现多在复温之后才显露出来。全身冻伤时，当直肠温度降至30℃时陷入麻痹期，出现反应迟钝、血压下降、循环呼吸抑制等。简单地说，冻伤的表现与烧伤一样有四种，即：红、肿、热、疱。根据其损害严重程度将冻伤分为四度，一度、二度主要为组织血循环障碍，三度、四度有不同深度的组织坏死。

1. **一度冻伤**

临床表现:冻伤及皮肤表层，患处刺痛并渐感麻木，为局部皮肤红斑及轻度水肿（图3-63）。

解冻复温后:局部皮肤会有充血和水肿现象，病人感到局部热，痒或烧灼痛。

预后恢复：症状数日后消失恢复，皮肤不留痕迹，功能不受影响。解冻复温后:立刻变红或紫红、肿、充血。

2. **二度冻伤**

临床表现：冻伤达真皮层，患处红、肿、痛，数小时后皮肤有水泡或大疱形成，泡内有黄色黏稠液体或黏稠血浆（图3-64）。

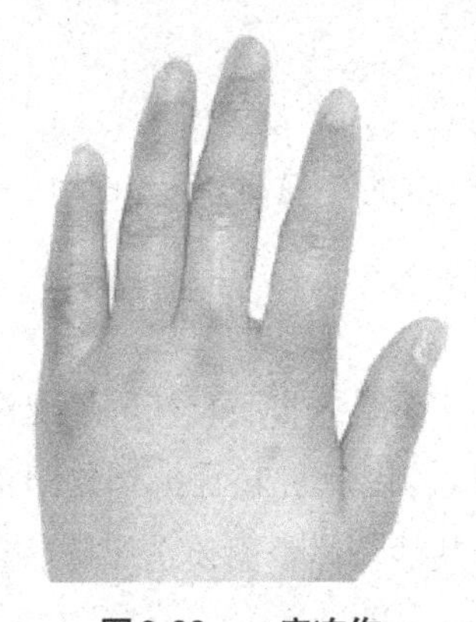

图3-63　一度冻伤

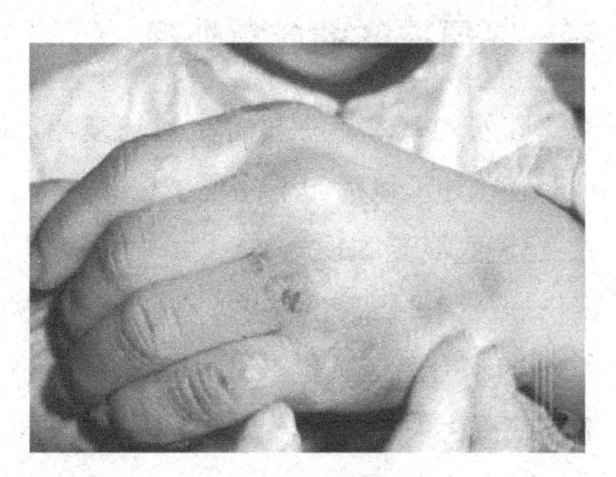

图3-64　二度冻伤

解冻复温后：局部较为剧烈的疼痛，并对冷热刺痛不敏感。

预后恢复:症状于数日后消失恢复，皮肤不留痕迹，功能同样不受影响。

3. 三度冻伤

临床表现：冻伤深达皮下组织，患处皮肤呈青紫、紫红或蓝色，皮肤会逐步变黑、全皮坏死（图3-65）。

解冻复温后：皮肤呈褐色、黑色，出现明显坏死。有时皮肤也会变白然后坏死。

预后恢复：皮肤恢复后留有斑痕和功能障碍。属较为严重的冻伤表现。

4. 四度冻伤

临床表现：肌肤甚至骨都受到损害，皮肤呈紫黑或青灰色，随即组织坏死脱落，如肢端、肢体（图3-66）。

解冻复温后：皮肤逐渐变成褐色、黑色，明显坏死。

预后恢复：皮肤留有斑痕和功能性障碍，可能导致截肢，留有残疾。

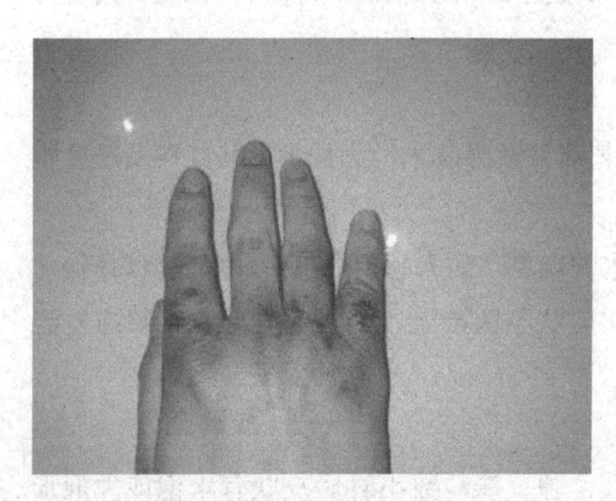

图3-65　三度冻伤

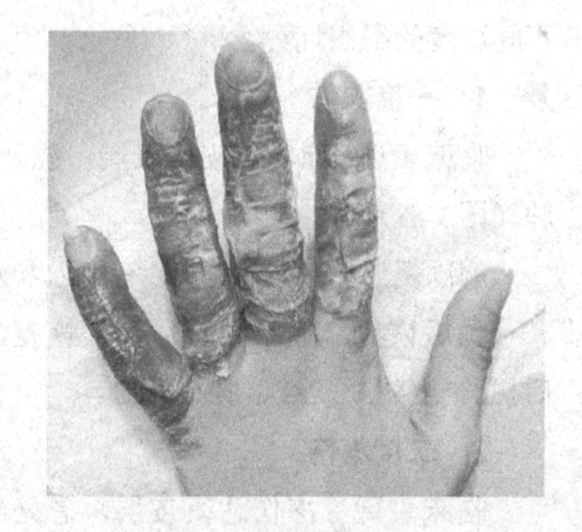

图3-66　四度冻伤

三、冻僵冻伤的应急处理

冻僵冻伤的基本治疗目标是迅速复温，防止进一步的冷暴露以及恢复血液循环。早期应急处理包括如下几项。

1. 迅速脱离受冻现场

将伤病员搬入温暖的室内(室温20～25℃)，脱掉潮湿的衣服鞋袜，换上温暖柔软的衣物，抬高受损的肢体，搬动时要小心、轻放，以免引起骨折。立即用棉被、毛毯或皮大衣等或用温热的手覆盖受冻的部位或其他身体表面使之保持适当温

度，以维持足够的血液供应。衣服、鞋袜等连同肢体冻结者勿强行脱下，应用温水（40℃）使冰冻融化后脱下或剪开。

2. 防治休克和维持呼吸功能

全身性冻伤的伤员在复温前后都容易发生休克，所以当伤员出现心跳呼吸减弱甚至停止，应立刻将其放于仰卧位，下肢抬高，气道开放，立即进行心肺复苏术。有条件时给以心电、血压、呼吸 、肛温、血氧饱和度等监护，对指导治疗很有帮助。对症处理：积极纠正缺氧、电解质紊乱，保护肝肾、脑功能、预防血栓形成。

3. 快速复温

如有条件，应立即进行温水快速复温，复温后在充分保暖的条件下后转送。如无快速复温条件，应尽早转送，转送途中应注意保暖，防止外伤。到达医院后应立即进行温水快速复温。对于仍处于冻结状态的二、三度冻伤，快速复温是效果显著而关键的措施。

温水快速复温具体方法：将受冻肢体浸泡于40℃（不宜过高）温水中，如果手套鞋袜和手脚冻在一起难于分离，不可强行脱离,以防皮肤撕裂，应连同鞋袜手套一起浸入水中，复温至冻区恢复感觉，皮肤转红，尤其是指（趾）甲床潮红，组织变软，皮温达36℃为止，时间不宜过长，一般要求在15～30min内完成复温。复温要快，温度不能过高。缓慢复温可加重损害,延迟复温可影响疗效。然后用温暖的被子继续保温。对于颜面部冻伤，可用40℃的温水浸湿毛巾，进行局部热敷。在无温水的条件下，可将冻肢立即置于自身或救护者的温暖体部，如腋下、腹部或胸部，以达到复温的目的。救治时严禁火烤、雪搓，冷水浸泡或猛力捶打患部。化学加温器不能直接放于冻伤的组织上，避免造成烫伤和超过目标温度。

在复温过程中及复温后要注意纠正复温性休克的发生，可用37～40℃（至少也应为室温温度）葡萄糖注射液1000ml快速静脉滴注。

4. 局部处理

（1）局部用药：复温后局部立即涂敷冻伤外用药膏，可适当涂厚些，指（趾）间均需涂敷，并以无菌敷料包扎，每日换药1～2次；面积小的一、二度冻伤，可不包扎，保持创面清洁干燥，注意保暖。可供使用的冻伤膏有呋喃西林霜剂：呋喃西林、考地松霜剂：呋喃西林、右旋醣酐霜剂等。

（2）水疱的处理：应在无菌条件下抽出水疱液，如果水疱较大，也可低位切口引流。

（3）感染创面和坏死痂皮的处理：感染创面应及时引流，防止痂下积脓，对坏死痂皮应及时蚕食脱痂。

（4）及时清除坏死痂皮的处理，肉芽创面新鲜后尽早植皮，消灭创面。早期皮肤坏死形成干痂后，对于深部组织生活能力情况，往往不易判断，有时看来肢端已经坏死，但脱痂后露出肉芽创面（表明深部组织未坏死），经植皮后可痊愈。因此，对冻伤后截肢应慎重，应尽量减少伤残，一般任其自行分离脱落，最大限度保留尚有存活能力的肢体功能，必要时可进行动脉造影，以了解肢端血液循环情况。二度、三度冻伤未能分清者按三度冻伤治疗。

（5）改善局部微循环：三度冻伤初期可应用低分子右旋醣酐，以降低血液黏稠度，改善微循环。必要时也可采用抗凝剂（如肝素）或血管扩张剂（罂粟碱、苄胺唑啉等）。

（6）预防感染：冻伤后容易并发感染，多为金黄色葡萄球菌等,严重冻伤应口服或注射抗生素，常规进行破伤风预防注射。

四、冻伤和低温伤害的预防措施

（1）在寒冷环境中应注意防寒、防湿。冬季锻炼时要佩戴和使用御寒用具，要扎紧手套、衣服、裤脚、袖口，防止风雪侵入到衣服内。雪上运动时眼部应佩戴滑雪防护眼镜。

（2）衣着保暖不宜透风，减少体表外露，露在外面的部位应适当涂抹油脂。

（3）运动服装和鞋袜要求保暖和宽松，冰鞋不能太小、太挤脚，鞋袜要保持干燥，运动或走路过多后出现潮湿要及时更换。

（4）寒冷环境下身体静止不动或疲劳时，要注意保暖，不要站在风口处；不要在疲劳或饥饿时坐卧在雪地上；在运动间歇或结束后要及时穿好衣服。

（5）饮食中适当补充含蛋白质和脂肪较多的食物。

（6）进入高寒地区之前，应进行适应性训练。

第十节　雪盲症的应急处置

雪地对日光的反射率极高，而刚下的新雪对阳光的反射甚至能达到95%，直视雪地正如同直视阳光，其中的危害可想而知，这种伤病常发生在登高山、雪地和极地探险运动者身上，因此称作雪盲症。未佩戴保护装置的焊接工人，也可能产生类似的症状。

雪盲症又称为“雪光性眼炎”、“雪照性眼炎”等，是由于视网膜受到雪地反射强烈的紫外线刺激而引起眼角膜和结膜上皮细胞损伤、坏死、脱落，造成的眼角膜

浑浊、视物模糊或暂时性失明症状的一种急性眼病。雪盲症通常在雪辐射6～8h后发生，常双眼同时受侵害，伤员出现眼睛畏光、流泪、刺痛，好像有沙子在摩擦、眼皮红肿，甚至短暂视物模糊不清等症状，特点是眼睑红肿、结膜充血水肿、有剧烈的异物感和疼痛，发病后的1～2h内症状最为严重。

雪盲症对高山运动参与者的影响非常严重，轻者致使其短暂失明，运动终止；重者则导致其出现眼疾，症状反复，职业生涯结束。因此如何防治雪盲症，将其危害减到最小，已经成为高山运动参与者不可避免且必须重视的问题。另外，有些地方积雪并不平整，而是形成多个凹面，这样的地方能反射更强烈的阳光，所以有时即便是阴天，长时间待在雪地里而不加以防护，也能引起眼睛暂时性的失明。

造成雪盲症的原因主要是双眼长时间暴露在雪地中，没有防护眼镜保护的眼角膜很容易受伤。因此，完整的雪地运动装备一定要配备一副专业的防护眼镜（图3-67）；同时，高级滑道的滑雪者为应对冷风也一定需要防护眼镜；另外，意外摔倒时如果有坚硬的物体戳到眼睛，专业的滑雪镜还可以起到保护的作用。一旦发生雪盲症，伤员可以参照以下措施进行自我急救，必要时寻求医生救治。

图3-67　滑雪运动防护眼镜

（1）如果不慎被雪原强光反射后出现雪盲的症状，千万不要用手揉眼睛，必须即刻戴上防护眼镜保护眼睛，防止其持续或再度损伤。

（2）应立即远离照射源，居住暗室，摘除隐形眼镜，减少角膜刺激和感染的机会。

（3）立即应用清洁冷水或1%地卡因眼药水进行眼部清洗以及用冷水毛巾在眼部进行冷敷，然后再涂抹药膏止痛，必要时局部用麻醉剂。以达到减轻伤员眼睛充血，并且快速止痛的作用。

（4）用眼罩或其他物品（如干净的手帕、清洁的消毒纱布等）轻轻冷敷眼睛。尽量闭目休息，避免勉强使用眼睛。

上述救治措施需持续24～48h，直至眼部刺激症状完全消失。及时防治，一般不留眼部后遗症，恢复后视力也不受影响。一般雪盲症的症状可在24h至3天之内恢复，稍微严重的症状通常需要5～7天才会消除。但有雪盲症经历的人稍不注意就会再次发生雪盲，并且症状会比之前更加严重。多次雪盲症会对人眼造成不可逆的损伤，引起视力衰弱和其他眼疾，还会引发眼底黄斑区的损伤，严重的甚至永久性失明。

第四章 危重伤病员的应急处置

第一节 呼吸心跳骤停的应急处置

在体育运动中，由于各种原因可能造成伤病员发生呼吸、心跳突然停止等意外状况。一般情况下，心跳、呼吸骤停后，循环也立即终结。在常温情况下，意识突然丧失、颈动脉搏动消失即可诊断为心跳停止。心跳停止3s即发生头晕，停止10～20s即发生昏厥，停止30～40s后瞳孔散大，停止60s后大小便失禁，停止4～6min后脑细胞即发生严重损害，甚至不能恢复。因此，要求呼吸心跳骤停发生后，现场（医院外）立即进行心肺复苏急救，尽早建立基础生命支持，保证重要脏器（心、脑）的基本血氧供应，直到建立高级生命支持或呼吸、心跳恢复正常。

对于呼吸心跳骤停进行的急救处理方法，简称心肺复苏术（cardiopulmonary resuscitation, CPR）。CPR是针对呼吸心跳停止的急症危重病人所采取的关键抢救措施，即心脏胸外按压形成暂时的人工循环并恢复自主搏动，采用人工呼吸代替自主呼吸，快速电除颤转复心室颤动，以及尽早使用血管活性药物来重新恢复自主循环的急救技术。

心肺复苏的目的是开放气道、重建呼吸和循环。呼吸心跳骤停一旦发生，需立刻现场进行心肺复苏急救，复苏开始越早，存活率越高。在一般情况下，呼吸心跳骤停4min以内，即脑组织缺氧4min之内进行心肺复苏急救，有可能恢复其原有功能；呼吸心跳骤停后4～6min开始复苏者，约有10%可以救活；超过6min后进行复苏者存活率仅为4%；超过10min以上才开始复苏者，易造成脑组织长久性损伤，甚至导致死亡。

复苏急救主要方法是胸外心脏按压和口对口人工呼吸。

一、心肺复苏操作程序

（一）呼吸心跳骤停的识别

首先，判断伤病员有无意识，可轻轻拍打、摇动或呼唤。呼救，拨打急救电话120。

其次，判断其有无主动呼吸［图4-1（a）］。

（1）看：胸部和上腹部有无呼吸起伏运动；

（2）听：口鼻有无出气声；

（3）感觉：检查者用面颊部贴近伤病员口鼻部，感受有无气体吹拂面颊部，或用一丝棉絮及餐巾纸放在病人的鼻腔或口腔前，看棉絮及餐巾纸有否晃动。

再次，判断有无脉搏［图4-1（b）］。

检查颈动脉，在5s内完成，手要轻试，不能加压。如无搏动，应立即急救。

(a) 判断有无自主呼吸

(b) 判断有无脉搏

图4-1　判断有无主动呼吸、脉搏

（二）胸外心脏按压

如果伤病员心跳停止，抢救者先应进行胸外心脏按压急救。

将伤病员仰卧位放置于硬板床或平地上，以确保按压时病人无摇动。急救者跪

于伤员一侧（一般为右侧），右手示指沿一侧肋弓下缘向中线移动触及两侧肋弓交汇点（胸骨下窝）示指定位于下切迹（剑突），食指与中指紧贴示指上方定位（两横指），左手掌根紧贴右手食指置于胸骨表面，使手掌根部横轴与胸骨长轴重合（图4-2）。成年男性为两乳头连线胸骨部。

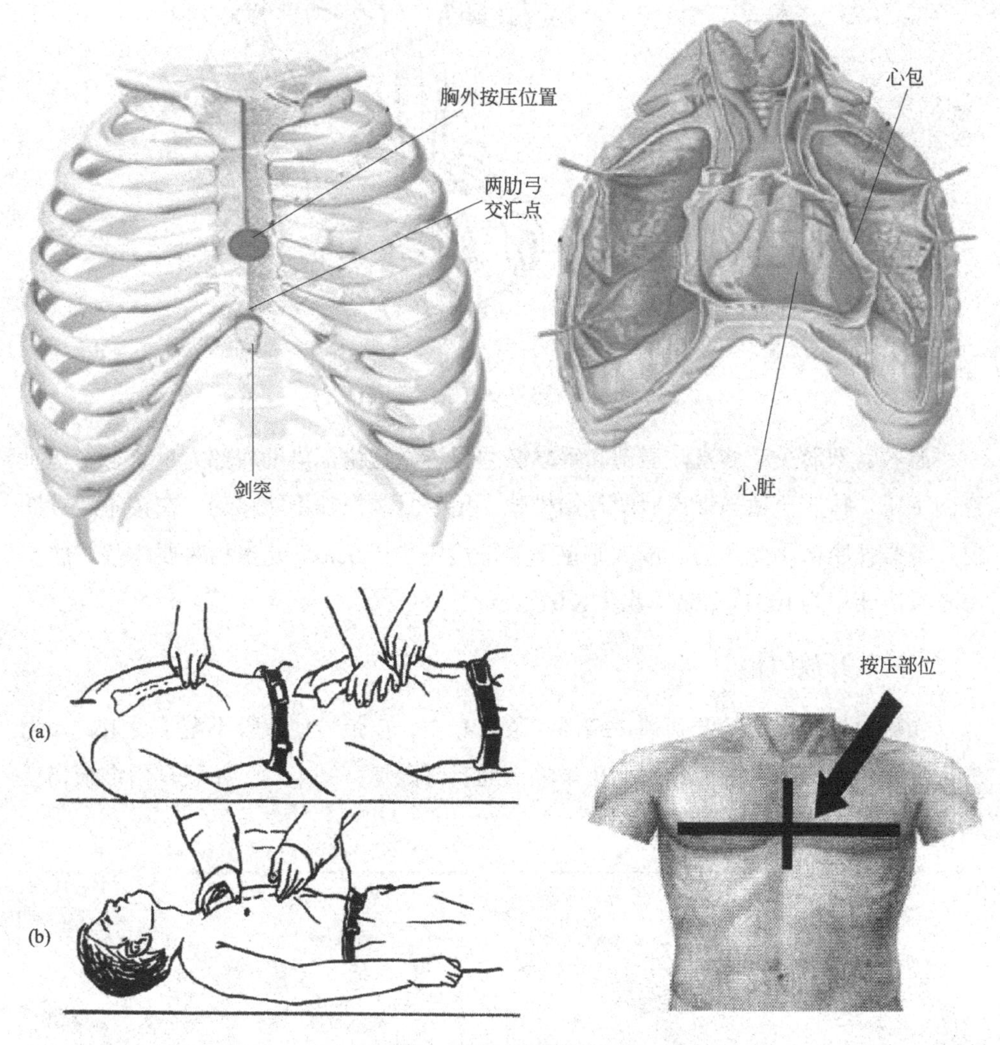

图4-2　胸外心脏按压部位

急救者左手的掌根部紧靠前一手指，放于伤员胸骨下1/3处，掌根部长轴与胸骨长轴重合。将右手叠于左手的手背上，两手手指交叉抬起，使手指脱离胸壁，只需一手掌根按压即可（图4-3）。

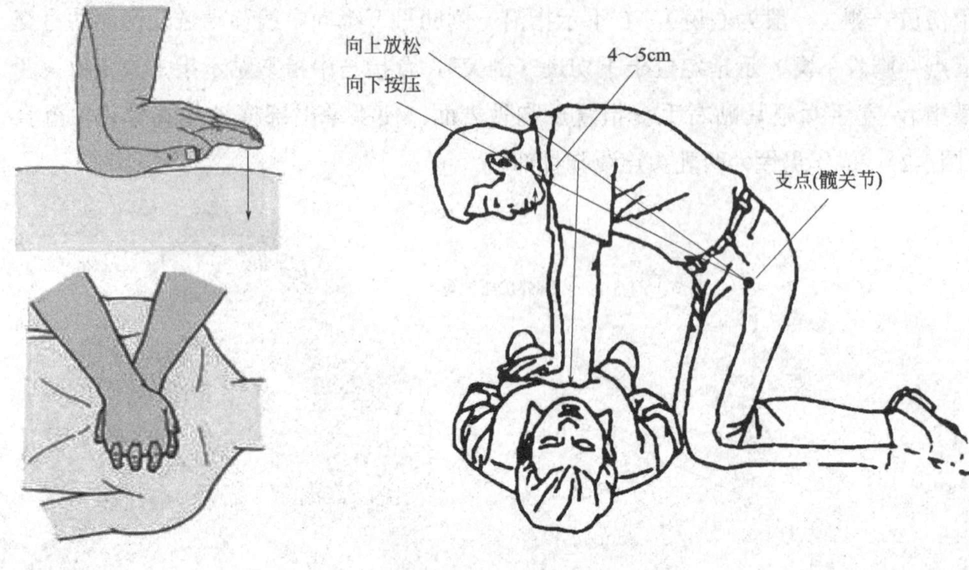

图4-3　胸外心脏按压方法

急救者双肘关节伸直，肩部和手掌必须保持垂直位，借助肩部力量有节奏地垂直向下压。按压至适当强点后即开始松弛。抬手时掌根部不能移动。在按压间歇期内，务必使胸部不受压力。成人胸壁下陷深度不少于5cm，儿童相对要浅些。成年患者按压速率为100次/min，儿童120次/min。

（三）开放气道

伤病员仰卧位，松开其颈、胸部和腰部衣扣、皮带，使呼吸不至于受阻。如为失去意识的伤病者，则应利用仰头举颏法通畅呼吸道（图4-4）；如疑有颈椎损伤者应改为双手托颌法。

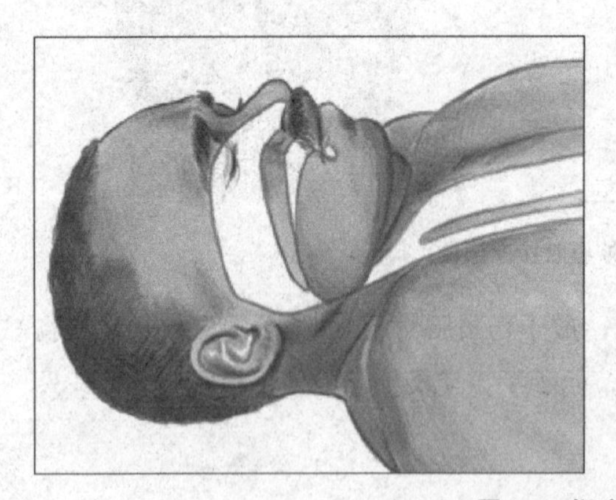

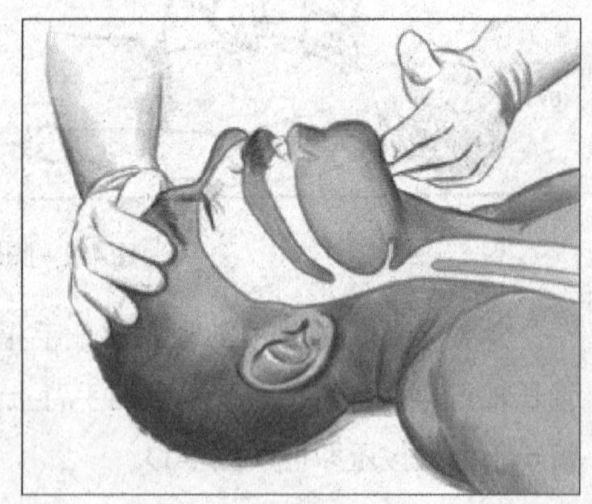

图4-4　仰头举颏法

如伤病员口腔内有异物或义齿等，应先将其头偏向一侧，用手指清除其口腔内的异物、必要时将舌拉出口外，以免舌根后坠阻塞呼吸道，保持其呼吸道通畅。

（四）口对口人工呼吸

呼吸是人生命存在的征象。当发生意外伤害，呼吸困难甚至停止时，如不及时进行急救，可很快发生死亡。人工呼吸就是用人为的力量来帮助伤病员进行呼吸，最后使其恢复自主呼吸的一种急救方法。

救护者站（跪）一侧，将伤病员头部尽量后仰，然后一手托起其下颌，开放气道。用自己的口紧贴伤病员的口，另一手捏紧其鼻孔以免漏气，快速深吸气后，完全包住伤病员的嘴，迅速向其口中吹气（图4-5）；使伤病员胸部明显扩张起来后，停止吹气，并放松捏鼻子的手。待其胸部自然的缩回，再重复做第二次。吹气12～16次/分，重复进行，直到患者恢复自主呼吸。

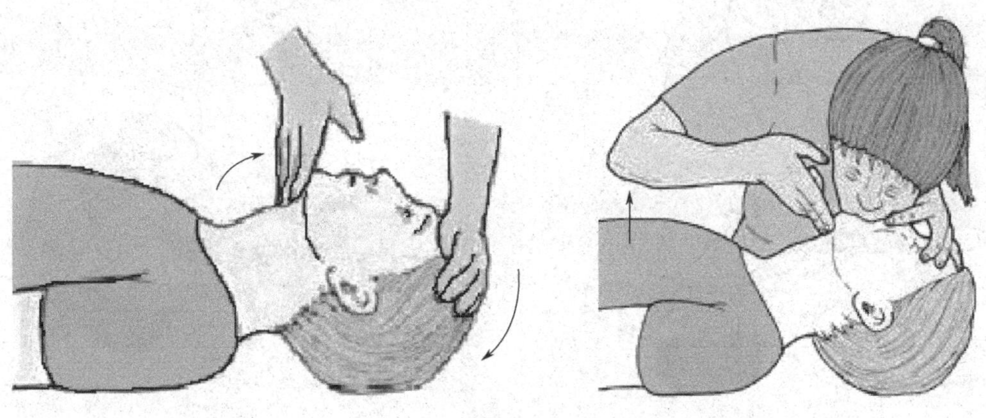

图4-5　口对口人工呼吸法

下颌托起，开放气道→快速向患者口中吹气

如果病人牙关紧闭，无法进行口对口呼吸，可以用口对鼻呼吸法（将病人口唇紧闭）,直到病人自动呼吸恢复为止。如果呼吸心跳均停止时，应同时进行心脏胸外按压。如有胸肋骨骨折或其他情况不宜做心脏胸外按压时，应立即采取其他急救措施。

当呼吸恢复，但人仍昏迷时，宜把伤病员安置于复原卧式，利于气管内分泌物流出，也可避免舌根部堵塞咽喉。呼吸恢复后，条件允许可给其吸氧，或移至空气新鲜、流通处。人工呼吸要坚持进行30min，即使呼吸骤停后有很长一段时间，仍有可能抢救成功。

1. 单人心肺复苏［图4-6（a）］

救护者先为伤病员做心脏胸外按压30次，再进行口对口人工呼吸2次。完成一轮按压和通气后，检查复苏效果，即检查颈动脉搏动及有无主动呼吸。心脏胸外按压与口对口人工呼吸的比例为30 ：2。

2. 双人心肺复苏［图4-6（b）］

两位救护者各在一边，一人先做心脏胸外按压30次，另一人再进行口对口人工呼吸2次。以后胸外按压数与人工呼吸数为30 ：2，如此反复进行。操作过程中，除须保持病人呼吸道通畅外，通气不能与按压同时进行，双人轮换抢救位置时，可在完成一轮按压与通气后的间歇中进行，抢救时间中断不应大于5s以上。在每次轮换时，两位救护者各负责检查脉搏和呼吸情况。

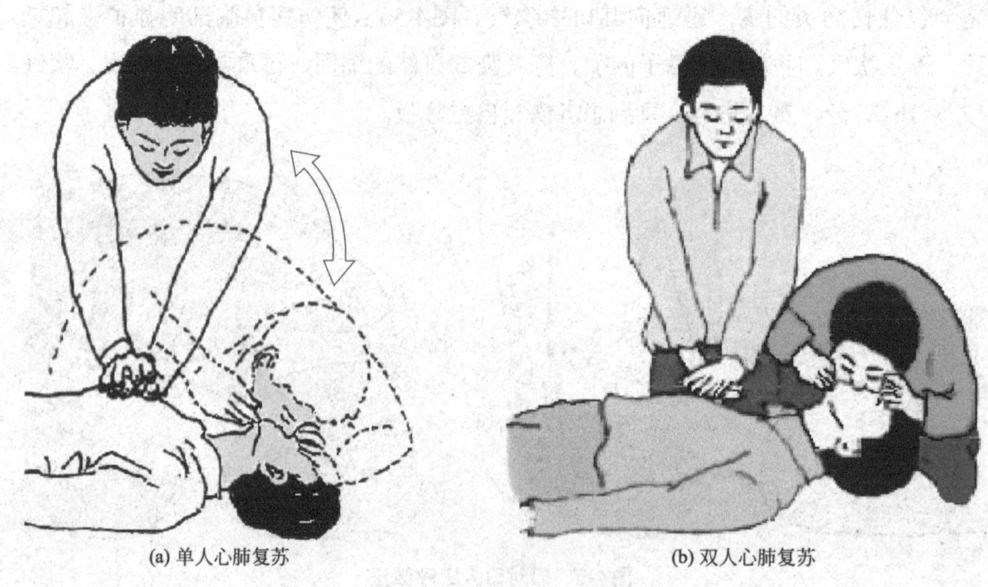

(a) 单人心肺复苏　　(b) 双人心肺复苏

图4-6　心肺复苏

二、注意事项

（1）胸外心脏按压和口对口吹气应交替进行，严格按按压和吹气的比例操作，按压和吹气的次数过多或过少均会影响复苏的成败。

（2）做人工呼吸前，为防止传染性疾病，可用呼吸膜或纱布覆盖在病人嘴上进行隔离。婴幼儿口鼻比较接近，最好将婴幼儿口鼻一起包含进行人工呼吸。

（3）口对口人工呼吸时吹气量是成年人深呼吸正常量，一般不超过1200ml，胸廓稍起伏即可。吹气时间不宜过长，过长会引起急性胃扩张、胃胀气和呕吐。吹气

过程中要注意观察伤者气道是否通畅，胸廓是否微微隆起（图4-7）。

（4）胸外心脏按压的位置必须准确。不准确容易损伤其他脏器。按压的力度要适宜，过大过猛容易造成胸骨骨折，引起气胸、血胸；按压的力度过轻，胸腔压力小，不足以推动血液循环。

（5）按压操作姿势为双臂伸直，使用身体的重量均匀地按压。按压有规律，不要左右摇摆或冲击似按压。

图4-7　吹气过程中观察伤者胸廓是否被吹起

（6）有条件时可结合心脏体外电击除颤（图4-8）。目前，电脑语音提示指导操作的自动体外除颤器（automatic external defibrillator, AED）已在各种场合广泛应用，大大方便了非专业急救医务人员的操作，为抢救争取了宝贵的时间。室颤是成人心脏骤停的最初发生的较常见病情。电击除颤是终止心室颤动的最有效方法，如果能在意识丧失后3 ～ 5min内立即实施CPR及除颤，存活率是最高的。

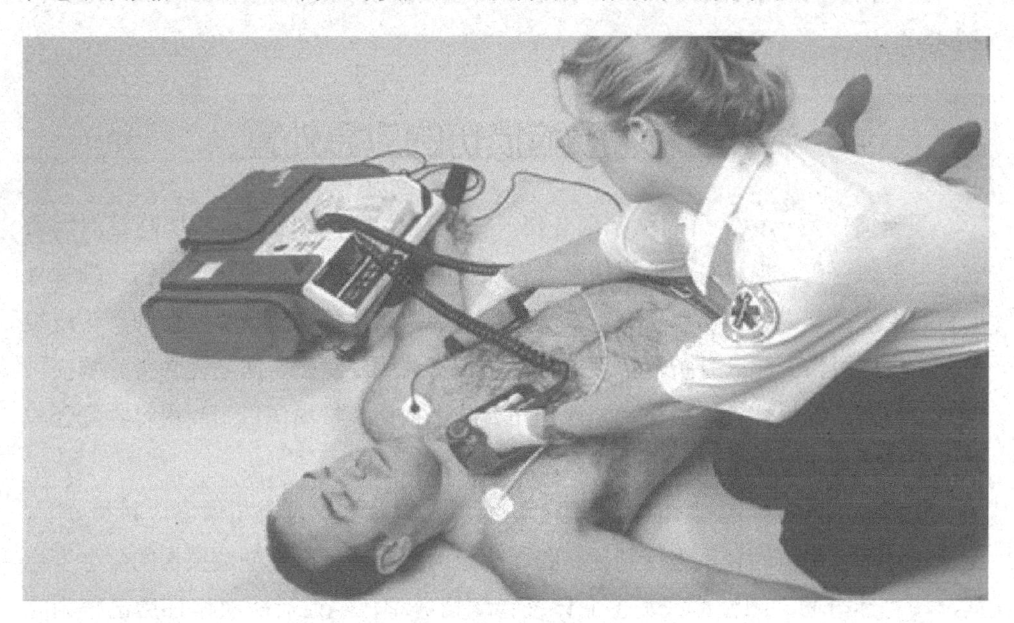

图4-8　心脏体外电击除颤

(7) 现场施行急救，必须一直做到有呼吸、有脉搏或后续支持到达为止。如患者意识已清醒，采取侧卧休息姿势，等待后续支持到达或送医院治疗。

三、有效的体征和终止抢救的指征

(1) 观察颈动脉搏动，有效时每次按压后就可触到一次搏动。若停止按压后搏动停止，表明应继续进行按压。如停止按压后搏动继续存在，说明病人自主心搏已恢复，可以停止胸外心脏按压。

(2) 若无自主呼吸，人工呼吸应继续进行，或自主呼吸很微弱时仍应坚持人工呼吸。

(3) 复苏有效时，可见病人有眼球活动、口唇、指甲床转红，甚至四肢可活动；观察瞳孔时，可由大变小，并有对光反射。

(4) 当有下列情况可考虑终止复苏。

① 心肺复苏持续30min以上，仍无心搏及自主呼吸，现场又无进一步救治和转送条件，可考虑终止复苏。

② 脑死亡，如深度昏迷，瞳孔固定、角膜反射消失，将病人头向两侧转动，眼球原来位置不变等，如无进一步救治和转送条件，现场可考虑终止复苏。

③ 现场危险威胁到抢救人员安全，或急救医生认为伤病员已死亡，无救治希望。

第二节　颅脑损伤的应急处置

颅脑损伤是一种常见的头颅部外伤，在体育运动中常因撞击、切割等原因造成。可单独存在，也可与其他损伤复合存在。颅脑损伤主要包括头皮损伤、颅骨骨折和脑损伤，其中脑损伤后果严重，应特别警惕。头皮损伤包括头皮血肿、头皮裂伤、头皮撕脱伤。颅骨骨折包括颅盖骨线状骨折、颅底骨折、凹陷性骨折。脑损伤包括脑震荡、弥漫性轴索损伤、脑挫裂伤、脑干损伤。按损伤后颅腔内容物是否与外界交通分为闭合性颅脑损伤和开放性颅脑损伤。

临床应用分型只能对颅脑损伤患者进行受伤部位和病理类型做出诊断和分型，而无法对患者病情的轻重进行判断。我国制定的“急性闭合性颅脑损伤的分型”标准，按昏迷时间、阳性体征和生命体征将病情分型，经前后两次修订后已较为完善，已成为国内公认的标准。

1. 轻型

（1）伤后昏迷时间0～30min；

（2）有轻微头痛、头晕等自觉症状；

（3）神经系统和CSF检查无明显改变。

主要包括单纯性脑震荡，可伴有或无颅骨骨折。

2. 中型

（1）伤后昏迷时间12h以内；

（2）有轻微的神经系统阳性体征；

（3）体温、呼吸、血压、脉搏有轻微改变。

主要包括轻度脑挫裂伤，伴有或无颅骨骨折及蛛网膜下腔出血，无脑受压者。

3. 重型

（1）伤后昏迷12h以上，意识障碍逐渐加重或再次出现昏迷；

（2）有明显神经系统阳性体征；

（3）体温、呼吸、血压、脉搏有明显改变。

主要包括广泛颅骨骨折、广泛脑挫裂伤及脑干损伤或颅内血肿。

4. 特重型

（1）脑原发损伤重，伤后昏迷深，有去大脑强直或伴有其他部位的脏器伤、休克等；

（2）已有晚期脑疝，包括双侧瞳孔散大，生命体征严重紊乱或呼吸已近停止。

颅脑损伤后可出现下列临床表现。

（1）意识障碍。绝大多数病人伤后即出现意识丧失，时间长短不一。意识障碍由轻到重表现为嗜睡、朦胧、浅昏迷、昏迷和深昏迷。

（2）头痛、呕吐是伤后常见症状，如果不断加剧应警惕颅内血肿。

（3）瞳孔。如果伤后一侧瞳孔立即散大，光反应消失，伤病员意识清醒，一般为动眼神经直接原发损伤；若双侧瞳孔大小不等且多变，表示中脑受损；若双侧瞳孔极度缩小，光反应消失，一般为桥脑损伤；如果一侧瞳孔先缩小，继而散大，光反应差，伤病员意识障碍加重，为典型的小脑幕切迹疝表现；若双侧瞳孔散大固定，光反应消失，多为濒危状态。

（4）生命体征。伤后出现呼吸、脉搏浅弱，节律紊乱，血压下降，一般经数分钟及十多分钟后逐渐恢复正常。如果生命体征紊乱时间延长，且无恢复迹象，表明脑干损伤严重；如果伤后生命体征已恢复正常，随后逐渐出现血压升高、呼吸和脉搏变慢，常暗示颅内有继发血肿。

（5）重度颅脑损伤常可引起水、盐代谢紊乱，高渗高血糖非酮性昏迷，脑性肺水肿及脑死亡等表现。

颅脑损伤的伤病员急救能否取得效果的关键，在于急救人员能否进行正确和及时的现场抢救，急救人员应在快速、简洁了解伤病员的受伤时间、地点、原因及过程后，立即对其头部和全身情况的迅速认真的检查，着重从以下几个方面判断伤情：意识状态、生命体征、眼部征象、运动障碍、感觉障碍、小脑体征、头部检查、脑脊液漏合并损伤。另外还要考虑影响判断的因素如酒后受伤、服用镇静药物、强力脱水后、休克等。在综合病史、致伤机制及初步检查情况做出早期病情判断后随即开始现场急救。现场急救的重点是呼吸与循环功能的支持，及时纠正伤后发生的呼吸暂停与维持血压的稳定。

现场急救的顺序如下。

1. 保持呼吸道通畅

急性颅脑损伤的伤病员多因出现意识障碍而失去主动清除分泌物的能力，可因呕吐物或血液、脑脊液吸入气管造成呼吸困难，甚至窒息。故应立即清除口、鼻腔的分泌物，调整头位为侧卧位或后仰，必要时就地气管内插管或气管切开，以保持呼吸道的通畅，若呼吸停止或通气不足，及时人工呼吸或连接简易呼吸器作辅助呼吸。

2. 制止活动性外出血

头皮血运极丰富，单纯头皮裂伤有时即可引起致死性外出血，开放性颅脑损伤可累计头皮的大小动脉，颅骨骨折可伤及颅内静脉窦，同时颅脑损伤往往合并有其他部位的复合伤，均可造成大出血引起失血性休克，而导致循环功能衰竭。因此制止活动性外出血，维持循环功能极为重要。

现场急救处理包括：

（1）对可见的较粗动脉的搏动性喷血可用止血钳将血管夹闭。

（2）对头皮裂伤的广泛出血可用绷带加压包扎暂时减少出血。在条件不允许时，可用粗丝线将头皮全层紧密缝合，到达医院后需进一步处理时再拆开。

（3）静脉窦出血现场处理比较困难，在情况许可时最好使伤员头高位或半坐位转送到医院再做进一步处理。

（4）对已暴露脑组织的开放性创面出血可用吸收性明胶海绵贴附再以干纱布覆盖，包扎不宜过紧，以免加重脑组织损伤。

（5）滑坠、跌落使头部受伤造成的七窍流血，有可能是颅底骨折的结果，此时用填塞止血，会使原本能从耳、眼、鼻、口流出的颅内出血积攒在颅内，导致脑

疝。正确的做法是不要试图填塞止血，利用体位变化让其彻底流出来。当然，颅底骨折是很严重的颅脑外伤，现场还要考虑有无颈椎骨折。一旦颈椎骨折，变换体位就容易造成截瘫。

3. 维持有效的循环功能

单纯颅脑损伤的病人很少出现休克，往往是因为合并其他脏器的损伤、骨折、头皮裂伤等造成内出血或外出血而致失血性休克引起循环功能衰竭。但在急性颅脑损伤时为防止加重脑水肿而不宜补充大量液体或生理盐水，因此及时有效的止血，快速输血或血浆是防止休克，避免循环功能衰竭最有效的方法。

4. 局部创面的处理

以防止伤口再污染、预防感染、减少或制止出血为原则，可在简单清除创面的异物后用生理盐水或凉开水冲洗后用无菌敷料覆盖包扎，并及早应用抗生素和破伤风抗毒素。

5. 防止和处理脑疝

当患者出现昏迷及瞳孔不等大，则是颅脑损伤严重的表现，瞳孔扩大侧通常是颅内血肿侧，应静推或快速静脉滴注（15～30min）20%甘露醇250ml，同时用呋塞米40mg静推后立即转送。

6. 转送

（1）对有严重休克或呼吸困难疑有梗阻者应就地就近抢救，待病情有所稳定后再转送，切忌仓促搬动及远道转送。

（2）转送过程中，为防止昏迷病人因误吸入呕吐物、血液、脑脊液引起窒息，应将头转向一侧，对确认无颈椎骨折者可一手托起颈部，另一只手压前额使之尽量后仰。必要时先行气管插管后再转送。并注意途中随时清除口腔和呼吸道的分泌物。

（3）对于烦躁不安者，可予以适当的四肢约束，在引起烦躁的原因未解除前，慎用镇静剂。

（4）颅脑损伤者约有1/4伴有颈椎损伤，不要轻易搬动头部。四肢和脊柱有骨折的病人应用硬板担架运送，在转送前应做适当固定，以免在搬运过程中加重损伤。

（5）陪送的医护人员在转送过程中应密切注意病人的呼吸、脉搏、意识及瞳孔的变化，情况紧急时随时停车抢救处理。

（6）到达目的医院后，陪送的医护人员应详细地将所了解的受伤时间、原因、初步的体检及诊断、现场和途中的病情变化以及处理情况告知接收的医护人员。

第三节　创伤性休克的应急处置

休克是机体遭受强烈的致病因素侵袭后，由于有效循环血量锐减，机体失去代偿，组织缺血缺氧，神经-体液因子失调的一种临床症候群。其主要特点是：重要脏器组织中的微循环灌流不足，代谢紊乱和全身各系统的机能障碍。简言之，休克就是人们对有效循环血量减少的反应，是组织灌流不足引起的代谢和细胞受损的病理过程。所谓有效循环血量，是指单位时间内通过心血管系统进行循环的血量。有效循环血量依赖于：充足的血容量、有效的心搏出量和完善的周围血管张力三个因素。当其中任何一个因素的改变，超出了人体的代偿限度时，即可导致有效循环血量的急剧下降，造成全身组织、器官氧合血液灌流不足和细胞缺氧而发生休克。在休克的发生和发展中，上述三个因素常都累及，且相互影响。

在体育运动中发生的休克以创伤性休克居多，主要是由于机体遭受撞击、坠落等暴力作用后，发生了重要脏器损伤、严重出血等情况，使伤者有效循环血量锐减，微循环灌注不足；以及创伤后的剧烈疼痛、恐惧等多种因素综合形成的机体代偿失调的综合征候。创伤性休克的发生与疼痛和失血有关，因此创伤性休克较之单纯的失血性休克的病因、病理更加复杂。

创伤性休克临床表现与损伤部位、损伤程度和出血量密切相关，急救时必须根据伤情迅速得出初步判断，对重危伤员初诊时切不可只注意开放伤而忽略极有价值的创伤体征，要注意观察伤员的面色、神志、呼吸情况、外出血、伤肢的姿态以及衣服撕裂和被血迹污染的程度等。临床中可通过以下几种情形快速判断休克的程度：

（1）受伤病史，创伤性休克病人均有较严重的外伤或出血史。

（2）休克早期，脑组织缺氧尚轻，伤员兴奋、烦躁、焦虑或激动，随着病情发展，脑组织缺氧加重，伤员表情淡漠、意识模糊，至晚期则可出现昏迷。

（3）当周围小血管收缩、微血管血流量减少时出现皮肤色泽苍白，肢端温度降、低四肢冰冷，后期因缺氧、淤血，色泽青紫。

（4）当循环血容量不足时，颈及四肢表层浅静脉萎缩。

（5）用手按压患者甲床，正常者可在1s内迅速充盈，微循环灌注不足时，毛细血管充盈时间延长，提示有效循环血量不足。

（6）休克代偿期，周围血管收缩，心率增快。收缩压下降前可以摸到脉搏增快，这是早期诊断的重要依据。临床特点出现“5P”征：即皮肤苍白（pallor），冷汗（perspiration），神志淡漠（prostation）脉动搏微弱（pulselessness），呼吸急促

（pulmonarydeficiency）。

（7）血压并不是反映休克程度最敏感的指标。在判断病情时，还应兼顾其他的参数进行综合分析。在观察血压情况时，还要强调定时测量、比较。通常认为收缩压小于90mmHg、脉压小于20mmHg是休克存在的表现；血压回升，脉压增大则是休克好转的征象。

休克指数=脉率/收缩压（mmHg）：一般正常为0.5左右。指数为0.5多提示无休克；在1.0～1.5之间提示有休克；大于2.0为严重休克。

通过临床观察总结出血压脉率差法，正常值为30～50，数值由大变小，提示有休克的趋势。计算方法为：收缩压（mmHg）－脉率数（次/min）得数为正数或＞1正常；得数若等于0，则为休克的临界点；得数若为负数，即为休克。负数值越小，休克越深。得数由负数转为0或转为正数，表示休克好转。

总之，对血压的观察应注意脉率增快、脉压变小等早期征象，如待休克加重、血压下降、症状明显时很可能失去救治时机。

（8）正常人尿量约50ml/h。休克时，肾脏血灌流不良，尿的过滤量下降，休克时每小时尿量一般少于25ml。尿量减少是观察休克的重要指标。可采用留置导尿管持续监测尿量，同时检测尿液中电解质、蛋白比重和pH值。

创伤性休克的院前急救：早期、快速、足量扩容是抢救休克成功的关键。急救重点是保持呼吸道通畅及充分供氧，通常取平卧位，必要时采取头和躯干抬高20°～30°、下肢抬高15°～20°，以利于呼吸和下肢静脉回流，同时保证脑灌注压力；可用鼻导管法或面罩法吸氧，对于危重有呼吸困难患者必要时需立即进行气管插管或气管切开建立人工气道辅助通气；尽早去除引起休克的原因，止住活动性的外出血，最大限度限制患者活动，做好伤肢外固定和早期快速、足量补充血容量以预防严重创伤引起的低血容量休克。对开放性出血伤口以加压包扎止血为主，内出血在急救现场则很难确诊。骨盆严重骨折出血者急诊行手法整复固定后并尽早使用抗休克裤；对活动性大出血或体内重要脏器破裂所致的大出血如出血速度快，在积极抗休克的同时，需立即就近转送到有条件的医院紧急手术治疗。因此，休克若不十分严重，能在30min内到达治疗单位时就不应在现场输液，以免耽误过多时间；如果需要输液，最好使用留置穿刺针，至少建立两条以上的静脉通道，以便快速大量输液，必须将肢体和输液针头固定牢固以免转送途中脱落。

第五章 冰雪体育运动医务监督工作

在运动负荷的刺激下，冰雪体育运动的运动员或锻炼者身体会产生各种应激反应，体内的机能会通过一些特定的指标反映出来。由于冰雪体育运动的特殊性，为了提高运动员的竞技水平，运动员要承担大强度、大运动量的训练，就必须运用医学和生物学手段和技术对于运动员进行监测，以便及时了解运动员身体机能变化情况和运动员对于训练的适应程度，只有这样才能保证运动员充分发挥自身潜能，又不会造成运动性疾病而影响到训练。所以，无论是在训练还是在比赛期间均应对运动员的健康状况、身体反应、功能状况及运动成绩等进行记录和分析。这种通过医学和生物学手段，对从事运动训练的人的身体进行全面的检查和观察，评价其水平和状态，为科学训练提供依据，保证训练正常进行并取得好成绩的重要手段称为运动医务监督。运动医务监督是运动医学的重要内容之一，是体育运动与医疗保健相结合的一门综合性应用学科。通过运动医务监督工作，能更有效地运用体育的手段，促进运动员的身体发育，增进健康和提高运动技术水平；能培养科学的体育锻炼方法和良好的卫生习惯，遵守体育锻炼的卫生原则，避免与减少运动中各种有害因素可能对身体造成的危害；保证体育教学和运动训练的顺利进行，使运动员从中受益，获得更大成效。

第一节　冰雪体育运动医务监督工作的主要内容

体育运动的医务监督既是体格检查的重要补充，也是间接评定运动负荷大小和调整训练计划的重要依据，促使运动员遵循科学的训练规律，早期发现过度训练并采取有效预防措施。冰雪体育运动竞争性强、速度快、器械尖利、途中地形地况复

杂，容易发生外伤事故，尤以下肢损伤多见，跌倒时胸腰椎损伤也较常见。因此，在进行训练和比赛过程中必须加强医务监督工作。冰雪体育运动医务监督工作主要包括以下几方面内容。

一、自我监督

自我监督是运动员和体育锻炼者在体育锻炼期间，观察自己身体状态和生理机能变化的一种方法。通过这种方法，及时了解自己在锻炼过程中生理机能的变化，有助于调整锻炼计划和运动负荷，为合理安排教学、训练内容和方法提供依据，也可为医生的体格检查提供参考。体育运动中自我监督的项目和指标应该因人而异。一般采用简单易行的方法，并经常与教练员和医生交换意见，以便更好地进行自我监督。

（一）主观感觉

1. 一般感觉

经常运动的人总是精力充沛，精神愉快。但患病或过度训练时就会感到有身体软弱无力、精神萎靡不振、易疲劳、易激动等不良现象。在进行自我监督时，可根据自我感觉记录为良好、一般、不好等。

2. 运动心情

经常参加运动的人一般是愿意参加运动的，如果方法不对或过度疲劳，则对运动不感兴趣或产生厌烦。记录时可根据个人的心情记录为很想锻炼、不想锻炼、厌烦锻炼等。

3. 睡眠状况

经常运动的人其神经功能比较稳定，一般睡眠良好。早晨起床精神焕发，精力充沛，全身有力。如果晚上失眠、屡醒、梦多、早晨起来没有精神，说明训练方法不当或运动过大，就要检查运动量是否合适。记录时应写睡眠的持续时间和睡眠状况是否良好。

4. 食欲情况

经常运动的人，食欲好，饭量也较大。在过度训练时，食欲便会减退，饭量减少。此外，运动刚结束后马上进食，食欲也较差。记录时可写食欲良好、食欲一般、食欲减退、厌食等。

5. 不良感觉

参加剧烈运动后，由于身体过度疲劳，多数人都会出现四肢无力，肌肉酸痛等不良感觉，这是正常的生理现象，经过适当的休息后，这些现象会很快消失。如果在运动中或运动后除了出现上述现象外，还可有精神状态或运动心情不良、睡眠及食欲不良、头晕、恶心、心慌、气短、胸痛、腹痛等，则表示运动方式不当或运动量过大亦或是健康状况不良。记录时可写头晕、恶心、气短、心慌等。

6. 出汗量

运动时出汗的多少与气候、运动程度、衣着、饮水量、训练水平、身体素质和神经系统的状况等有关。如果突然大量出汗，可能是过度训练，应适当调整运动量。记录时可写出汗适量、出汗增多、大量出汗等。

（二）客观检查

1. 脉搏

脉搏（心率）正常人脉率为60～100 次/min，低于60 次/min为心动徐缓，高于100 次/min为心动过速。脉搏反映了人整体的机能状况，也可能单纯反映心脏功能，是最常用的指标。经常参加锻炼的人，安静时脉搏频率较缓。

在自我监督中可用清晨起床前的安静脉搏为基础脉搏，也称“晨脉”，来评定运动水平和身体机能的状况。正常情况下,脉搏越低机能状况越好。一般来说，基础脉搏较为稳定。如果基础脉搏超过平时12次/min以上，表明身体机能状况不良，或训练负荷过大，机体尚未恢复，应找出原因及时处理。若早晨脉搏连续保持较快的水平，可能是过度训练所致。在体育运动中经常利用运动后即刻测得的脉率判断运动强度的大小：一般180次/min为大强度，150次/min为中等强度，140次/min以下为小强度；有时也常用运动后脉率的恢复情况来判断运动量大小：5～10min内恢复为小运动量，心率较运动前快2～5 次/min属中等运动量，心率较运动前快6～9 次/min属大等运动量。测量脉搏时，一般测10s内的跳动次数，再换算出1min的数值，然后记录下来。

如果运动员运动后即刻脉搏比以前测得值减少，而运动的成绩提高了，说明训练中运动负荷安排是适宜的；如果脉搏比以前增加，成绩下降，则可能是训练安排不当，运动量过大，或者是身体健康情况不佳。

2. 体重

参加体育锻炼后，体重一般有下列变化，即刚参加运动的人，由于身体里水分和脂肪大量消耗，体重可有一定程度的下降。经过一段时间的锻炼，体重比较稳定，运动后减轻的体重能够完全恢复。长期坚持锻炼的人，肌肉逐渐发达起来，体重有所增加，而且保持一定水平。如体重持续下降，并伴有其他异常征象，可能是

早期过度训练或患慢性消耗性疾病，如慢性胃肠病、肺结核或营养不良等。少年儿童的体重如长期不增长，甚至下降，是健康状况不良的表现，应查明原因。

3. 肺活量

运动能使呼吸功能显著增强，肺活量的大小在一定程度上表现出呼吸功能的好坏。经常参加锻炼的人，能使肺活量增加，但在过度训练时，肺活量就会减少。

4. 运动成绩

坚持合理锻炼，运动成绩会逐渐提高或保持在一定水平上。如果运动水平没有提高，甚至下降，可能是早期过度训练的状态，应找出原因，适当休息或调整运动量。

5. 其他指标

根据运动专项和设备条件，可采用其他特定的测验方法进行自我监督。如握力、引体向上等。女同学还要记录月经的情况，如运动后月经量多少、经期长短、有无痛经等。

二、体格检查

对运动员进行的体格检查是运动医学临床工作的重要组成部分，通过体格检查可以全面了解运动员的健康状况，发现运动员的身体机能缺陷和存在的伤病以及易患某些伤病的潜在风险因素，并以此为依据确定运动员是否符合专项训练的要求以及为其制定相应的伤病防治措施。

体格检查主要包括一般史、运动史、体表检查、一般临床物理检查、形态测量、功能实验、化验检查、身体素质测试及特殊检查等。

1. 一般史

一般史中包括病史和生活史。病史中主要询问既往所患的重大疾病和预防接种史，特别要注意询问影响内脏器官机能和运动能力的一些疾患，如心脏病、高血压、有无传染病以及与遗传因素有关的疾病。生活史，主要询问工作性质、劳动条件、生活制度、营养状况，有无饮酒、吸烟及偏食等不良嗜好等。

2. 运动史

询问参加体育运动的情、运动项目、年限、成绩、有无过度训练史或其他运动性伤病等。

3. 体表检查和运动系统检查

体表和骨骼肌肉系统的检查提供的资料对评价运动参加者的身体发育、运动水平以及选择运动项目和咨询有重要帮助，是体格检查的重点。包括:检查扁桃腺、甲状腺和淋巴结的情况，检查皮肤黏膜、肌肉发达程度、弹性和硬度、肌力大小，检查脊柱、胸部、上下肢和足弓形状及皮下脂肪的测定等。

4. 一般临床检查

主要检查以下内容：

（1）心血管系统检查：

①脉搏频率（注意紧张度，充盈度和节律）；

②测量血压；

③有无胸部畸形和心脏异常搏动；

④叩诊心脏大小，听诊心跳速率，节律心音强度及有无杂音。

（2）呼吸系统检查：

①胸部形状、呼吸频率、节律和呼吸类型；

②叩诊检查有无浊音，肺底位置；

③听诊有无呼吸音异常。

（3）消化系统检查：有无舌苔、巩膜黄染，腹部压痛、肿块和肝脾肿大，并注意腹壁肌力。

（4）神经系统与感觉器官检查：有无神经衰弱、视力、眼、鼻等是否有异常。

5. 形态测量

测量内容：体重、身高、坐高、胸围和呼吸差，颈围、腰围、四肢围度、四肢各环节长度、肩臂长、手足间距（站立摸高）、肢体宽度，其中身高、体重、胸围三项是评定发育程度的基本指标。

6. 功能检查

运动系统主要检查肌力、关节活动度、柔韧性等；心血管系统主要检查台阶试验、定量负荷试验；呼吸系统主要检查肺活量、闭气试验、PWC170试验及最大摄氧量等；植物性神经系统功能检查主要应用卧倒-直立试验、直立-卧倒试验；以及消化系统和泌尿系统的相关功能检查等。

7. 心血管机能检查

定期为运动员进行心血管机能检查。长期系统的大运动负荷训练后，运动员身体机能水平应当提高。如果发现其机能水平下降，并伴有其他不良征象，应考虑运动负荷或健康原因。如果经过训练机能水平无变化，则应考虑运动负荷大小或其他原因。

8. 生理、生化指标评定

定期为运动员或锻炼者进行身体机能评定和生理、生化指标分析等医务监督工

作，对科学合理安排训练具有非常重要的意义。

在正常情况下，当身体机能状况良好时，体内的血红蛋白、血清睾酮、血乳酸、血清肌酸激酶活性、尿蛋白及最大摄氧量等生理生化指标亦处于正常水平。若运动负荷过大或身体机能状况不良以及食物供给不足等情况，运动员的上述生理生化指标可出现改变。

在体育运动中，经常通过观测运动员这些生理生化指标，来及时地了解和评定运动员的现实身体机能状况、运动员承受运动训练负荷的能力、训练的科学性和有效性等情况，可以合理地安排和调整训练计划，避免疲劳过度，减少运动损伤，最大限度的提高运动成绩。

9. 身体素质测试

冰雪运动项目的对运动员的腰腹力量、下肢爆发力量及柔韧性灵敏性等身体素质的要求非常高，应遵循该运动项目的特殊性选择有针对性的身体素质测试方法，目前国外常用的冰雪运动员身体素质测试方法有：跳箱测试、软梯跳跃测试、萨金特跳测试、单足五点跳跃测试、仰卧起坐、俯卧撑等。从我国运动员自身特点来讲，灵敏、协调性是优势，但是也要重视力量方面的发展。因此，在选择身体素质测试指标时应全面考虑运动员的力量素质。

10. 特殊检查

包括X线、CT、核磁共振、心电图、肌电图、脑电图等检查。如心电图反映了心肌的电生理变化，与心肌的自律性、兴奋性和传导性有关，经长期运动训练后，心电图可表现出迷走神经张力增高的表现，如窦性心动过缓、房室传导阻滞等。如果运动员的心电图出现多发性早搏、显著窦性心律不齐、ST段及T波变化，提示有过度训练、过度疲劳等引起的心肌损害、心功能下降。

三、加强运动性伤病的防治工作

参加冰雪运动前除要对运动员加强安全教育外，监督其佩戴和使用专业的防护用具。要积极组建运动防护医疗团队，对运动员发生的伤病予以及时妥善诊断、急救、治疗处理和康复指导等。

四、合理的营养补给

运动员的营养补给对恢复运动疲劳和提高运动成绩十分重要。现代运动训练经常遵循超量恢复的原则，这一训练原则使运动员的运动能力得到极大的挖掘，由此产生的运动疲劳也是极为深刻的。为了尽快使运动员恢复体能、提高运动成绩，就需要为其及时补充合理的营养和热量，尤其是冰雪运动项目的运动员更应该保持高热量饮食。

五、赛前医务监督

在进行冰雪体育比赛前，应加强组织管理，对所有参赛运动员进行常规体格检查，对于有感冒、发热、过度疲劳、外伤未愈及出现特殊异常情况时，一般不允许参加比赛。

六、赛中医务监督

在比赛期间，应加强流行病防控，建立赛期临场医疗急救站，配备医务人员和急救药物器材等，对常见伤病，做到及时发现和快速处理。对一些严重伤病，应做现场紧急处理后快速转送有条件的医院进一步救治。

七、赛后医务监督

快速消除运动性疲劳是运动医务监督中重要的组成部分，要积极采用各种方式如运动后充分的放松整理运动、保证充足的睡眠时间、温水浴、局部按摩、热敷和局部负压等尽快恢复动员良好的身体和机能状态。

总之，在运动训练中要加强医务监督工作、及时了解运动员的身体状况、掌握其疲劳程度，对消除运动性疲劳，提高运动成绩有着重要的作用。

第二节　运动医务监督中的特殊医学问题

一、兴奋剂

奥林匹克理想把人类在体育运动中崇尚进取的愿望集中表述为“更快、更高、更强”。然而，随着科学技术的高速发展，训练水平 和运动成绩突飞猛进，现代竞技体育呈现出许多特征，其中之一便是其可测量性，所有的成绩都可以量化为秒、米、公斤和计分。运动员的比赛名次最终取决于其比赛成绩。竞技体育的另一个特征是其标准化，为了保证公平竞赛和运动成绩的可比性，各项目都必须在规则、规章和要求上建立标准，运动员必须遵守国内和国际比赛的规则。此外，还必须对参

加比赛者有一定程度的纪律约束，运动员必须遵守国际公认的体育道德。因此，要想在竞争激烈的比赛中获胜，必须具备真正的实力。于是，一些缺乏实力和自信、在现代高科技设备的精确测量结果和严格的比赛规则面前无法取胜的运动员，就想投机取巧，把获胜希望寄托在使用兴奋剂上。不可否认，现代竞技体育还具有一定的政治化和商业化的特征。从20世纪50年代起，一些国家就把使用兴奋剂作为一种“战略武器”，用于体育赛场上的“和平竞争”，以证明其政治制度的优越性。多年来，大众传播媒体的热心关注和庞大跨国公司的巨额投资赞助也加速了高水平竞技体育的商业化。在大型国际比赛中获胜，就可以一举成名并带来滚滚财源，这些无法抗拒的荣誉和物质的双重诱惑，也会使一些运动员不惜以牺牲健康为代价，冒险使用兴奋剂。在利益的驱动下，少数无良科研人员滥用先进技术，不断研制出新的兴奋剂，特别是在用量少、药效长、无残留、难检测上下工夫。使用兴奋剂不仅会损害运动员的身心健康，还严重违反医学道德和体育道德，所以全世界都严禁运动员使用兴奋剂。

回顾人类在竞技体育中使用兴奋剂的历史，在现代奥运史上大致分为三个阶段。19世纪～20世纪50年代：从19世纪使用的可卡因、咖啡因到20世纪的苯丙胺等都属于刺激剂，这一时期可称为兴奋剂使用历史的第一阶段，即使用传统的刺激剂药物的初级阶段。 20世纪60年代～70年代：50年代中期，多种合成类固醇药物Dianabal和Winstrol等相继问世，兴奋剂使用进入了以合成类固醇为主的第二阶段。20世纪80年代至今：随着兴奋剂检测方法的不断改进，一些人开始使用另一类难以检测的药物，即内源性激素，它们包括促红细胞生成素（EPO）、人体生长激素（HGH）等，当今的兴奋剂使用已经进入了以内源性物质为主的第三阶段。虽然使用兴奋剂可以提高运动成绩，但是兴奋剂让运动员生命健康受到严重的危害，致残致病情况非常普遍，甚至导致在比赛中死亡的现象。如1975年芬兰举重运动员冈卡斯尼试图举起160kg杠铃，结果因服用过量合成类固醇而膨胀起来的左肩胛骨肌肉发生撕裂，杠铃砸在其颈椎上导致终生残废；1980年在莫斯科奥运会上东德女子游泳选手集体服用含有大量兴奋剂的维生素，致使奥运会100m自由泳金牌得主库拉乌哉先后生了两个先天性畸形儿；1984年美国的举重选手由于服用兴奋剂引起肝癌死亡。即便是目前最新的基因兴奋剂，也难以避免对人体产生潜在的副作用和危害。在美国已有一位肝功能失调的病人在参加基因治疗的临床试验中死去，两位免疫失调的欧洲儿童在接受基因疗法后出现 白血病症状。

这些可怕的兴奋剂改变了体育运动的初衷，人们逐渐意识到滥用兴奋剂与奥林匹克运动宪章规定的宗旨内容完全背道而驰，竞技体育所秉持的价值受到极大的扭曲，于是国际奥委会（IOC）迅速做出了反应，开始了坚决的反兴奋剂的斗争。

兴奋剂在英语中称为“Dope”，原义指供赛马使用的一种鸦片麻醉混合剂。现在的“兴奋剂”概念，早已超出其原义，并不是单指那些起兴奋作用的药物，也包括后来被禁用的并不具有兴奋性的其他类型药物如利尿剂，甚至有的还具有抑制性如β-阻断剂，国际上对禁用药物仍习惯沿用兴奋剂的称谓，实际上泛指一切禁用药物和方法。国际奥委会曾经对兴奋剂的定义综合表述为：“参与或准备参与体育竞技比赛的运动员采用某些药物，出于非治疗目的或 以非正常剂量摄入体内，以及用不正常途径摄入生理性物质，或采取其他不正当手段，企图以运动训练意外的方式增强或辅助增强自身体能，达到提高比赛成绩和战胜对手目的，即为服用兴奋剂”。2007年11月17日，第三届世界反兴奋剂大会通过修订后的《世界反兴奋剂条例》，修订后的新《条例》于2009年正式生效。与2003年版《条例》相比，它更加严格且更具实际操作性，将体育领域中反兴奋剂斗争推进到了一个重要的新阶段。

兴奋剂种类繁多，大多通过人工合成，目前被国际奥委会列入禁止使用的兴奋剂主要有七大类，100余种，虽然在分类时的表述有所不同，但基本上是按照这些物质的药理作用来分类的。

第一类　刺激剂

品种：包括中枢神经系统刺激剂如咖啡因、尼可刹米、士的宁(常包含于各种中药外用药)等；精神刺激剂如可卡因、苯丙胺、摇头丸等；拟交感神经胺类如麻黄素、甲基麻黄素等(常包含于各种感冒药中)。

特点：对神经肌肉起直接的刺激兴奋作用，属于最早使用的兴奋剂，也是最原始意义上的兴奋剂，被发现得最早，其特点是起效快。

危害：毒副作用大，大量使用可致猝死，最早被禁止使用。

第二类　麻醉镇痛剂

品种：包括哌替啶类如杜冷丁、安诺丁、二苯哌己酮和美沙酮，以及它们的盐类和衍生物，其主要功能性化学基团是哌替啶；阿片生物碱类如吗啡、可待因、狄奥宁（乙基吗啡）、海洛因、羟甲左吗南和镇痛新，以及他们的盐类和衍生物，其化学核心基团是从阿片中提取出来的吗啡生物碱。

特点：当运动员发生训练、比赛伤病导致无法继续体育竞技时，有部分人会冒险使用上述麻醉止痛剂，寄望于使用这些药物后能缓解疼痛乃至放松，直至坚持、延续运动时间。

危害：由于机体疼痛保护机制被抑制，强行的运动反而有加重原发病情的可

能，甚至导致严重和时间更长的后遗症。长期的使用更有药物成瘾的风险。

第三类　合成类固醇

品种：包括合成代谢类固醇、蛋白同化激素、β_2激动剂，包括睾酮、甲基睾酮、睾丸素、大力补（美雄酮）、诺龙、康力龙（司坦唑醇）等。

特点：作为兴奋剂使用的合成类固醇，其衍生物和商品剂型品种特别繁多，多数为雄性激素的衍生物。这是目前使用范围最广，使用频度最高的一类兴奋剂，也是药检中的重要对象。国际奥委会只是禁用了一些主要品种，但其禁用谱一直在不断扩大。合成代谢类固醇在竞技运动方面主要是促进蛋白合成代谢，刺激肌肉细胞和骨骼细胞生成新的蛋白质来增加肌肉和骨骼重量，使运动员在一定时间内增加训练强度和延长训练时间。

危害：这类药物起效相对较慢，一般需坚持长时间服食，毒副作用发生较慢但延续时间往往更长，甚至发生在运动员退役后较长时间内；其潜在的毒副作用可引致肝脏、心血管系统、生殖系统灾难性的后果，如肝癌、猝死、不孕不育等。

第四类　利尿剂

品种：包括呋塞米、氢氯噻嗪、双氢克尿噻、呋塞米等。

特点：利尿剂临床上常用于治疗各种类型的水肿，还可用于治疗高血压病等。但对于某些为了追求获取不正当的竞技优势的健康的运动员而言，它可用于在赛前临时减轻体重，或是稀释尿液增加尿量来尽快减少体液和排泄物中其他兴奋剂代谢产物，以此来造成药检的假阴性结果。

危害：利尿剂的滥用、错误使用，将带来严重的电解质紊乱、脂肪代谢紊乱、糖代谢改变、肌肉血流的改变、肌病等一系列不良后果。特别是由于运动员在运动中高热、脱水、疲劳和糖原耗竭的机会远远大于普通人，会带来较常人更危重的影响，严重者可危及生命。

第五类　内源性肽类激素

品种：包括人体生长激素、胰岛素、促性腺激素HCG、促肾上腺皮质激素ACTH、促红细胞生长素EPO等。

特点：内源性肽类激素大多以激素的形式存在于人体，静脉注射EPO等以后血液中的血红蛋白含量及血细胞比容上升，进而带来携氧能力及耐力增加的好处，其效能类似于血液回输技术。

危害：注射EPO以后血液会处于高黏滞状态，流动明显减慢，在运动中体液丢失增多后变得更为显著，可影响凝血机制的正常稳定，大大提高心脏病和卒中的发病率，甚至可致癫痫发作、静脉血栓形成、肺栓塞等。

第六类　β 阻断剂（亦称 β 肾上腺素受体阻断剂）

品种：包括心得安、心得平、心得宁、心得舒等。

特点：这类药物以抑制性为主，在体育运动中运用比较少，临床最早用于治疗高血压、心绞痛和某些心律失常，也可以用于减轻焦虑和惊恐。在某些比赛场合上，完全颠覆了大家对兴奋剂都是激发人体机能药物的传统想法，比如需要提高稳定性的射击、射箭、体操乃至高尔夫等项目。曾有射击比赛选手服药以减轻比赛带来的焦虑和激动。

危害：可致低血压和心率减缓，出现睡眠障碍、性功能障碍，甚至诱发忧郁症等。

第七类　血液兴奋剂（又称为血液红细胞回输技术）

方式：主要包括自体血事先提取贮存后回输，以及同种异体（他人）同型血回输两种。

特点：是指通过输血使机体内含有更高的红细胞浓度以获得更高的携氧能力，以克服因缺氧带来的各种对中枢神经系统的不良干扰。有报道说，血液回输引起的红细胞数量等血液指标的升高可延续3个月。

危害：加重心血管的血液循环，可引起休克；若输注他人的血液，有可能出现过敏反应，引起急性溶血并伴随肾功能损害；另外，还有感染肝炎、艾滋病等的危险。

另外，列入受一定限制的药品有：乙醇、大麻、局部麻醉剂、皮质类固醇，某些特定的运动项目或特定时期允许使用。随着药理研究的新进展和检测技术的进步，列入违禁药物的种类和数量正在不断增加，如北京奥运会药检中大规模复测持续性红细胞生成受体激活剂（CERA），CERA能够持续性地促进红细胞的载氧能力，从而大幅度提高运动员的耐力。正是因为它的持续作用，所以运动员能够在比赛开始前几个月甚至是更长的时间停用该药物，这样留下来的痕迹就不明显，不容易被检测出来，但之前使用的效果依然能够存在。

二、消除运动性疲劳的方法

在运动训练中出现疲劳是很正常的。但运动性疲劳如果不能及时消除，而使疲劳积累会对机体产生不良影响，进而影响运动员的运动训练效果和健康状况。因此，如何采取有效的方法来促进运动性疲劳的消除就显得极为重要。能否尽快消除疲劳，是运动训练所面临的一个重要问题。

在选择消除疲劳的方法时，要充分考虑不同时间、不同代谢型运动项目的特点。从表5-1中可见，在不同时间全力运动时，疲劳的特点不同，如3～4min全力运动时，肌肉和血液乳酸值最高；60min左右全力运动时，肌糖原消耗最多；超过60min全力运动时，肝糖原大量消耗，失水，电解质紊乱，体温上升最明显。

表5-1　不同运动时间的疲劳特点

运动时间	疲劳的特点
30s～15min	ATP.CP大量消耗，血乳酸上升最高，肌肉酸性增加
15～60min	ATP.CP大量消耗，肌糖原消耗最大，体温升高
1～5h	肌糖原耗竭，肝糖原大量消耗，血糖下降，体温上升，脱水，电解质紊乱
5～6h	能量物质大量消耗，代谢失调，体温上升，脱水，电解质紊乱，身体结构变化

因此，为了在运动时延缓疲劳的发生，运动后加速疲劳的消除，都要根据不同疲劳产生的特点，有针对性地采取相应的措施。具体可采用下列途径和方法。

（一）劳逸结合

出现运动性疲劳以后，可以立即做放松活动促进疲劳的消失，也可以用增加睡眠时间的方法以达到消除运动性疲劳的效果。

1. 放松整理活动

有效的放松整理活动不仅可以使心血管系统、呼吸系统、神经系统和内分泌系统等从适应剧烈运动的状态逐渐过渡到安静状态，还可以促进肌肉放松，是消除运动性疲劳、促进体力恢复的一种有效的主动恢复手段。其主要内容有：

（1）慢跑和呼吸体操：其目的主要是改善血液循环，加速下肢血液回流，促进代谢产物的消除。

（2）肌肉、韧带拉伸等放松练习：目前认为这种方法对减轻肌肉酸痛和僵硬、促进肌肉中乳酸的清除有良好作用。

2. 睡眠

充足的睡眠是消除疲劳的好方法。人体在睡眠时大脑皮质的兴奋性最低，机体的合成代谢最旺盛，有利于体内能量的蓄积。成年运动员在训练期间，每天应保证8～9h的睡眠时间。青少年运动员则要延长至每天10h的睡眠时间。

（二）物理治疗

1. 温疗浴、桑拿浴

温水浴可以促进人体血液循环，有利于疲劳肌肉的物质代谢，是一种简单易行的消除疲劳方法。水温不宜过高，以40℃左右为宜，时间为10min左右，勿超过20min，以免加重疲劳。

桑拿浴是利用高温干燥的环境，加速血液循环，使人体大量排汗，从而使体内的代谢产物能及时排出体外。桑拿浴时间不宜过长，每次停留5min左右，最好与温水浴交替进行，反复4～5次。桑拿浴一般不要在运动结束后即刻进行，以免造成脱水和加重疲劳。如果运动结束后，休息一段时间，补充足够的水和营养物质后进行桑拿浴，效果将较好。

2. 按摩

按摩可以通过对人体的机械刺激，改善神经反射以及神经-体液调节而影响人体各器官、系统的功能，而从达到调节血液循环、增强心血管功能、缓解大脑的紧张与疲劳，并可改善由运动性疲劳造成的免疫功能下降的状况。按摩的应用范围很广，在运动前、运动中、运动后均可进行，但以消除运动性疲劳为主要目的的按摩均在运动后进行，按摩时间根据疲劳程度而定，一般在30～60min之间。

如能用水浴按摩则效果更好，水浴按摩是在温水浴时用0.5个大气压断续水柱冲击，时间约20min，水浴按摩后应休息15～20min才能离开。

3. 吸氧与负离子吸入

运动疲劳时在血液中积有大量酸性代谢产物，吸氧可促进乳酸氧化，对消除疲劳有很好的效果。负离子能提高人体神经系统的兴奋性，加速组织氧化，也有利于疲劳的消除。但对出现运动性疲劳后，用高压氧治疗是否可以促进延迟性肌肉酸痛消除的问题，目前尚有争议。

（三）营养补充

运动中产生疲劳的重要因素之一，就是能量供应不足，运动中各种营养物质消耗增加，运动中和运动后应适时、及时地予以补充，有助于提高身体的抗疲劳能力，消除疲劳、恢复体力。运动时，应注意补充能量和维生素，尤其是糖、维生素C及维生素B1，夏季或出汗较多时，应补充盐分与水。食品应富有营养和易于消化，并尽量多吃些新鲜蔬菜、水果等碱性食物，但不同性质的运动项目需要不同营养。速度性的项目应含较多易吸收的糖、维生素B1和维生素C及较多的蛋白质和磷；耐力性的项目要多供给糖以增加糖原储备，同时还要增加维生素B1、维生素C

和磷；力量性的项目需要增加蛋白质和维生素B2。

另有研究表明：在运动性疲劳时中枢神经系统中某些脑区的5-HT和相关代谢产物的浓度增高，它的升高与血液中游离色氨酸的增加明显相关，而血液中的游离色氨酸又是与支链氨基酸（BCAA）竞争进入血脑屏障的，所以研究者提出只有在血液中游离色氨酸与BCAA比例增加时，脑内的5-HT才可能增加而引发疲劳。如果在运动中补充足够的氨基酸或者BCAA，就可以降低色氨酸与BCAA的比例，从而减少脑内5-HT生成，以延缓中枢性疲劳的产生。

（四）中草药

中医药工作者通过对我国运动员运动性疲劳特征的研究，将其归纳为三种类型，即形体疲劳、神志疲劳和脏腑疲劳。并提出疲劳症候与中医内伤虚劳病的发生密切相关，其本质主要与脾、肾功能变化和受损程度密切相关。

补脾复方中药有：增加骨骼肌糖原含量的“四君子汤”；提高血红蛋白，改善免疫功能的“补脾Ⅰ号口服液”；提高血红蛋白、增加耐力的“复方生脉饮”；抗疲劳、耐缺氧、耐寒冷的“复方党参液”等。

补肾复方中药有：提高耐力的“蛾公口服液”；增强抗应激能力、耐缺氧、抗疲劳的“益肾口服液”；以及补肾壮阳的“补肾益寿片”等。

活血化瘀方面的复方中药有：抗疲劳的“复方丹参”；降血脂、提高肌糖原，促进自由基消除的“补脾活血复方”等。但在应用中药消除运动性疲劳时要特别注意有些中药中含有国际奥委会明令禁止的化学成分，如补肾壮阳的鞭类含有性激素；益气养血的胎盘（紫河车）含有绒毛膜促性腺激素；通络止痛的马钱子含有士的宁等，避免误服误用兴奋剂事件的发生。

（五）意念活动

心理恢复主要是意念活动，通过一定的套语暗示进行导引，使肌肉放松，心理平静，从而调节植物性神经系统的机能，然后再运用带有一定愿望的套语进行自我动员。如暗示性的睡眠休息、肌肉松弛、心理调节训练。实践证明，采用上述方法能促进身体疲劳的尽快消除，加快疲劳的恢复过程。另外，舒适幽雅的环境听音乐等也可以减弱枯燥单调的训练刺激而促进疲劳消除。

三、控制体重

在竞技体育中，运动员的体重也是影响比赛成绩的重要因素之一。身体超重和肥胖不仅影响运动员的运动能力和身体健康，特别是某些有重量级别的运动项目如举重、摔跤和柔道等以及某些对体重要求较高的运动项目（如空中技巧、花样滑冰、体操、跳水和长跑等），经常涉及控制体重和减重问题。目前国内外都在探讨如何在赛前训练中既让运动员降到理想体重，又能保持训练量和训练强度。

1. 减体重理想的幅度

有研究发现，运动员赛前降体重达到原始体重的5%以下，身体基本无不适症状，比赛发挥正常，成绩理想。降体重达到6%～8%或一次减轻了本人体重3%以上时，运动员会出现不同程度的不适应症状，如口干舌燥、力量稍下降，影响运动能力如运动时动作速度稍慢、心情不好、比赛技战术发挥不好、成绩不理想等。降体重达到9%时，运动员会出现肌肉无力、颤抖或抽筋、心慌、心动过速、头晕目眩，技战术发挥失常、比赛失利。因此，一般认为平时体重不宜超过参赛级别的5%～7%。

另有研究认为，运动员最大体重丢失量为每周1kg时，不会影响机体糖原和体液的储备，体脂较大的不超过1.5kg。运动员体脂含量最少不低于5%～6%，否则会影响健康。适宜的赛前降体重速度原则上每周降1kg，体脂较大的下降不超过1.5kg。若比赛级别与平时体重相差不大，缓慢减重可减一周控一周，或波浪似的在一周内减体重，目的是保持体能。

2. 减体重的方法和措施

目前国内普遍应用的快速减重方法主要是限制饮水并辅以蒸汽浴或控体重服发汗、急剧节食、加大运动量训练等。快速减重中发汗法的应用只是暂时的、应急的，减少的只是水分而非脂肪，对赛前体重略高于规定级别的情况，是一种补救方法。但是单靠脱水减重影响运动员机能。靠利尿剂进行减重会大量排尿，导致体内缺水和电解质紊乱，从而影响耐力素质和运动成绩，因此不可取。缓慢减重是一段时间的低能量平衡饮食，训练课后再增加长时间低强度运动，目的主要是减体脂，运动员血液生化指标保持较好，机体应激和脱水程度低，心血管机能下降不明显，反之赛前3周快降的运动员则较差。近年来很多人采用快慢结合的方法，即慢减3周再快减1周的方法，效果良好。

3. 减体重的营养补充与膳食结构控制

运动员减体重时限制饮食饮水会影响钠钾离子、微量元素钙镁锌以及维生素的摄入，加大运动量会使电解质的丢失增多和维生素的需要加强，都会引起运动能力降低和脱水等情况。有学者研究发现快速减重运动员会出现负氮平衡，减重期摄入的维生素B1、B2、维生素C、PP、维生素A等都低于供给标准，减重期膳食总热

量摄取偏低，糖、蛋白质、部分维生素和矿物质摄入不足，脂肪摄入过多，膳食结构不合理。

因此，需加强合理的膳食营养处方配合营养品的使用，将运动员减体重期的各项指标维持在较好水平，这对保持体能非常有效。有学者认为减体重运动员膳食调整的问题是适当提高热能摄入量，降低脂肪而提高糖、蛋白质、微量元素和维生素的比例。比较科学的膳食方案是：高蛋白、高纤维素、高微量元素、中糖、低脂肪、低盐的平衡膳食，每日热量摄入比平时至少减少1000卡，一天安排三餐，避免睡前饥饿现象。减体重期间，饮食要多样化，可适当补充的特殊营养成分，如低聚糖、牛磺酸、肌酸、复合氨基酸制剂、电解质、复合维生素制剂和矿物质制剂，中草药如西洋参、人参、熟制三七等。

4. 减体重期的伤病防治和心理辅导

减体重特别是快速减重，运动员可能出现情绪不稳、易激惹、易疲劳、紧张、沮丧、迷惑情绪、活力显著下降等现象。医务人员应从思想上减轻其对控、降重的恐惧心理，多与其谈心交流；要制定合理的降体重目标，采用积极的心理暗示，培养运动员的自信心和意志力。控降重运动员由于大训练期量引起大量出汗，消耗过多能量，最早出现的问题是脱水，具体表现为口渴、口唇干裂、眼窝塌陷、皮肤弹性降低、易怒，严重者会导致低血糖、心功能降低、运动能力下降等。针对这种状况，可限量饮用含糖的电解质饮料或药茶等。快速减重可能引起运动员力量素质显著下降和注意力不集中，易引起运动损伤。应提醒运动员提高认识，加强保护，做好准备活动来积极预防。有条件可使用些活血化瘀的外用乳剂，对运动员做按摩放松治疗。另外，运动员减体重期间还可能出现免疫抑制和感冒现象，也应做好预防工作。

由于运动员的机能、体质、心理和技战术、包括饮食和生活方式都有较大差异，不同训练年限、水平、级别的运动员对调整体重的方法和处理上也都有所不同。要按照运动员自身所需制定最合理的减体重方案，并根据个体差异和不同特点不断改变和完善训练和减体重结合的方案。总的原则是减少能量摄入与减脂训练相结合。年轻选手应以减脂为主，同时提高有氧能力，以控制饮食为辅；运动员以控制饮食为主，以减脂训练为辅，避免消耗过多体力。任何情况下的减体重实施都要有医疗科研人员的配合和监控。实验证明，只有把运动训练、膳食营养、医务监督、心理调节四位一体结合好，才能使运动员安全的控降体重，从而获得最佳竞技状态，创造佳绩。

四、时差适应

世界各国都根据自己所处地理经度的位置按行政区域规定本国的标准时间（地方时），如格林尼治时间、北京时间、莫斯科时间、东京时间、纽约时间、开罗时间等。但各国都以英国格林尼治天文台所报的时间为基准时间（世界时）。地方时通俗的计算方法是以经线划分，即格林尼治子午线为0度经线，以东每15°加一小时，以西每15°减一小时。两个时区标准时间(即时区数)相减就是时差，时区的数值大的时间早。比如中国是东八区（+8），美国东部是西五区（-5），两地的时差是13h，北京比纽约要早13个小时；如果美国实行夏令时的时期，相差为12h。

通常人体的生理机能节奏与昼夜是同步的，但当出现不同步的情况时,原有的内在节律就会发生改变，如果超出了适应限度,就会表现出相应的症状或现象。运动员长期形成的有规律性的可预测性的生活习惯导致运动员体内产生非常明显和稳定的生理节奏，按照严格生活方式培养出来的运动员，一旦他们的生理节奏受到扰乱，将会引发种种不良反应。一般来说，运动员对生活规律和周围环境越敏感，他对客观环境的改变也就越容易产生反应，对运动成绩的评定越精确，对技术要求越高的比赛项目，时区的改变对比赛成绩的影响也越明显。

美国科学家认为，仅仅跨越一个时区就能使人的运动能力受到影响，而这种地区时差一旦超过了3个小时，这种反应就会比较明显，出现疲倦乏力、精神萎靡不振、食欲不佳、睡眠不良、情绪容易激动、注意力不易集中、烦躁，以及机体生理和心理节律的非同步变化而影响技术水平和运动成绩的发挥。通常在跨越2～3个时区时会发生体内功能状况的变化，在跨越4～5个时区以上，特别在7～8个时区时，各种功能的节律会发生明显的紊乱，使运动能力下降。因此，为适应日益增多的国际比赛，时差反应的适应问题一直受到体育医疗科研人员的关注。所谓的时差反应适应是指人在到达有一定时区距离的新的环境里产生的时差反应，经过一段时间会产生时间、身体机能等方面的适应。这种适应与时差大小、飞行方向、永居和临时居住区环境的差异、运动员的转向,以及适应过程中采取的积极手段都有密切的关系。

根据时差反应适应过程的规律，一般可把时差反应的适应过程分为3个过程阶段。第一阶段：运动员到达目的地后即开始，身体内部出现起程时的节奏和到达异地当天的节奏相混乱的情况，机体习惯性的心理、生理机能和生物要求受到破坏。一般来说，抵达后1～2天，运动能力不发生明显变化，第3～4天则明显下降，

这时运动员不适宜参加激烈的训练和比赛，不然容易造成意外的损伤和破坏运动员竞技状态。第二阶段：这一过程从第2～3天开始，第8～10天完成，是机体生理、心理机能积极重新调整阶段，在此阶段内大多数运动员睡眠、食欲、情绪、自我感觉的破坏可以逐渐消失，神经、肌肉的机能状态指标，特别是植物神经机能改善，机体工作能力逐渐上升。要求从第2天开始,严格按照新的昼夜规律安排训练时间，即在拟定的比赛时间里安排训练课。第三阶段：心理、生理的稳定阶段，这一阶段从到达指定地点的第9～11天开始，其特点是心情舒畅，多数生理过程新的昼夜节律相对稳定，虽然有许多指标（摄氧量、体温），特别是在肌肉运动之后，还可能表现出久居地区的节律，但已基本适应了当地的昼夜节律，这个时候参加比赛可望取得良好的成绩。一般向东飞行，时差反应可能会更重些，因为人体对时间缩短较时间延长的适应能力要差。不同的时差，适应过程需要的时间也不尽相同。可以应用以下公式粗略计算飞行时差反应可能会影响人体的时间天数。向西方向飞行后跨越的时区数目除以2；而向东方向飞行后跨越的时区数目除以1.5。如，飞机从上海向东飞行到美国东部，共跨越13个时区：13÷1.5=9，表示飞行时差反应大约持续9天。

在时差反应发生到适应的过程中,人体的适应性起着一定的作用。我们不能改变环境昼夜节律，但可以进行一些自我安排来适应新地域的昼夜节律。同时，我们也不能过快改变人体的昼夜节律，但可以创造条件，使时差反应减少到最低限度。因此，在运动员外出比赛时，为了更好的减少抵达比赛地的时差反应对运动能力的影响，尽快适应当地的昼夜节律，医疗科研人员曾采用过很多办法，如预先按比赛地点的时间安排运动员的作息时间、选择中途站进行访问比赛以实现过渡等。国际运动医学联合会也对运动员提出了参赛飞行的一些须知事项，主要有：出发前情绪减压；在飞机上多喝水、做轻微身体运动，使用耳塞眼罩帮助休息；落地后则少吃辛辣食物，从低强度运动开始恢复训练；其中向东飞行时，还可以人为提前白天光照时间延长白昼时间。而今，一种诞生在澳大利亚的高科技眼镜正在运动员的时差训练中被广泛采用。这种效果显著的高科技眼镜的基本原理是：利用人体对亮光的反应来调节大脑内的生物钟，从而帮助运动员克服时差反应。这种眼镜的具体使用方法是：在长途飞行的前两天，运动员每天至少戴眼镜3h，在飞行当中再戴眼镜3h。来自日本的木曾义信发明研究证实：虾青素ASTA具有使生命体昼夜节律正常化的能力，能够有效增加内源性的褪黑素而调节时差反应。美国运动医学专家提倡用光照调节、药物和运动三者相结合的方式应对时差反应，即用光照调节重置身体的生物钟；服用一定剂量的褪黑素帮助睡眠；以及在特定时间进行训练，帮助身体克服时差反应。另外,运动项目的特点也显著影响着人体对时差反应的适应过程，应在适应性训练计划中充分考虑运动员的专项特点。速度力量性项目的运动员适应性比耐力性项目运动员显著，但适应过程进展较快。在向西方向飞行达到新地区后的即刻，速度力量性项目运动员的体温显著升高，红细胞沉降率增加、心率加快、收缩压升高，并可较快地恢复到原来的水平和昼夜节律。耐力性项目运动员的红细胞沉降率、心率、收缩压、体温增加得较少，而功能改造的持续时间较长。

五、女运动员体育生理卫生

剧烈的体育运动和女性的生理反应关系密切。随着越来越多的女性参加体育运动并不断取得优异的运动成绩，女性参加体育运动时的生理卫生问题日益受到关注。

1. 女子生长发育及其运动能力特点

由于女子青春期加速生长阶段比男子同一时期快，因此表现出了同龄的女孩比男孩长的高。身体成分受青春期激素变化的影响，女孩的脂肪长的也快。研究证明：青春期身体成分的变化是脑垂体中促性腺激素分泌增多引起的。这种激素有提高女孩雌性激素水平的作用。趋向于使脂肪增多，而肌肉的体积却小于同龄男孩，而且在整个成长过程中也表现出这种特点。除生殖系统在青春期表现出的女性生理特点外，体态的变化尤为显著。在整个生长过程中，股骨、肱骨的直径、臂长、胸围和肩宽等指标始终少于男孩，相对身体而言，髋部始终大于男孩，由于女性肩带窄小，不利于发展上肢力量，而髋骨宽使股骨角比男性突出，奔跑能力亦很难达到男性的水平。但由于髋部大而重心低，却有利于从事平衡能力要求较高的运动。由于女性肌肉体积小，对力量性、速度性、腾空等运动项目远不如男性强。女性的摄氧量低于男性（约20%），心脏的体积和容积亦比男性小。女性安静时及完成大运动量时的心率较高，女性以较高的心率完成同一运动负荷的需氧量，才能补偿较低的泵血机能。由于男性身体体积大于女性，表现出的肺通气量能力也强，在青春期就表现出了这种差异。女性在耐力和短时间、高强度的运动能力方面要比男性低20%左右。在力量性项目中更为明显，其原因主要在于身体体积（包括肌肉体积）和运输氧的能力的差异。虽然男女肌纤维的数量基本相同，但是肌纤维的横截面大小决定着力量素质的强弱。女性肌纤维的横截面积小于男性，因此表现出的能力差异也就较大。成年后的男女大多数肌群的力量比约为（1 ∶ 0.7）～（1 ∶ 0.5）。

2. 运动对月经周期的影响

女性参加体育锻炼，要注意经期的卫生，锻炼时要根据个人的健康情况、经期反应和训练水平作出不同的安排。若身体健康、经期正常，不必停止必要的体育运动，可适当调整运动量和运动项目。经期从事适当的体育锻炼对促进新陈代谢、改善盆腔的血液循环，减少经期的盆腔充血、小腹下坠及腰痛等感觉是有益处的。运动时腹肌的收缩与放松交替进行有助于经血的排出。经期参加适当的体育运动可使大脑皮层兴奋和抑制作用更加协调，有利于调节经期的情绪，使人精神愉快，从而减轻经期易激动、烦躁的症状。经期要避免做剧烈的跑、跳、腹压加大的练习，也应避免做强度大的力量、耐力性练习。大强度剧烈的活动，可使生殖器官充血、韧带松弛、子宫位置改变和经血过多。若经期有明显的腰痛、背痛、下肢疼痛较重、流血过多等现象，则应停止体育活动。经期不宜参加剧烈的运动竞赛，一是比赛是在精神高度紧张状态下进行，强烈的精神刺激易引起月经紊乱、经期延长、缩短、闭经、痛经、或经血量过多或过少等症状；二是激烈的比赛的运动量和运动强度均比平时大得多，经期很难适应高强度的竞争，易引起月经周期的改变。虽然近代的医学研究证明，除耐力性项目外其他运动项目对月经都影响不大，经期参加比赛夺得金牌的亦大有人在，但应承认运动员之间的个体差异和青春期运动员所处的生长发育时期的特殊性。总之，大量研究都认为：经期可以参加适当的体育活动，而且对经期的血液循环很有益处。耐力训练有直接影响月经周期的雌性激素水平下降的作用，所以应尽量避免经期参加大强度的耐力性练习。

3. 女运动员月经期的症状表现

系统从事训练的女运动员，经期应加强自我监督，填写月经卡片，记录包括行经日期、经期反应、参加运动的情况和运动后反应等。这样便于合理安排训练，并及时发现问题。根据调查统计，女运动员在月经期的表现可分为四种类型：

（1）正常型。经期自我感觉良好，运动能力不变，心血管机能试验正常。此类型约占64%。

（2）抑制型。经期自感疲乏无力、嗜睡，体力及一般工作能力下降，厌烦训练，心血管机能试验恢复时间延长，心率慢、血压低。此类型约占23%。

（3）兴奋型。经期情绪异常激动，各种生理指标有提高的趋势。肌肉发紧、动作僵硬、下腹部有痉挛性疼痛、头晕、睡眠差，心率较快，呼吸频率增加，血压升高。此类型约占10%。

（4）病理型。这是一种类似中毒现象的病理反应。感觉头晕、头痛、睡眠不佳、恶心、口渴、腰背疼痛，全身不适，不愿训练，运动成绩下降。此类型约占3%。

月经周期或月经持续时间，或月经血量超过正常范围的变化，即为月经失调，对女运动员来说，月经不调以青春期多见，这是由于青春期发育阶段内分泌机能不稳定，受到某些精神、环境因素的影响而造成。当影响因素去除，或青春期过后月经便会趋向正常。月经失调主要包括如下5点。

（1）闭经。凡已过18周岁月经尚未来潮，或既往有正常月经，现停经3个月以上的，称为闭经。引起继发性闭经的原因很多，如精神紧张、恐惧、忧虑、环境变化、地区迁移、寒冷刺激、过度疲劳等，都可以引起中枢神经系统与下丘脑的功能紊乱，进而影响卵巢功能引起闭经。有学者认为，继发性闭经亦可能与体重下降过多和体脂百分比改变有关。

（2）月经稀少。月经周期长且无规律（40天以上），经血量少，持续天数短，称为月经稀少。其原因可能为子宫因素（子宫发育不良、子宫位置不正、子宫内膜少或不全），月经稀少只要无全身性或局部的疾病影响，一般不需治疗。

（3）痛经。凡在经期前后或在行经期间发生腹痛或其他不适，以至影响生活和工作者称为痛经。原发性痛经指生殖器官无明显器质性病变的月经疼痛，又称为功能性痛经。继发性痛经指生殖器有器质性病变如子宫内膜异位症、盆腔炎和子宫黏膜下肌瘤等引起的月经疼痛。常为下腹部阵发性绞痛，有时也放射至腰部，可伴有恶心、呕吐、尿频、便秘或腹泻等症状。疼痛剧烈时，面色苍白、手足冰冷、出冷汗、甚至昏厥。腹痛常持续数小时，偶有1～2天，当经血外流通畅后症状逐渐消失。青春期痛经常发生在月经初潮或初潮后不久，一般在婚后或产后即会消失。

（4）功能失调性子宫出血。凡月经不正常，经检查内外生殖器无明显器质病变或全身出血性疾病，而系由内分泌失调所引起的异常性子宫出血，称为功能性子宫出血病，简称功血。最常见的症状是不规则子宫出血，特点是月经周期紊乱，经期长短不一，出血量时多时少，甚至大量出血。由于出血多者可引起贫血，出现面色苍白、全身无力、心悸气短、头昏眼花等现象，常影响训练和比赛的正常进行。因此，必须在医生的指导下，控制出血，调整月经周期，进行积极治疗。

（5）经前期紧张综合征。是指出现在月经前的一系列症状，主要为烦躁、易怒、失眠、头痛、乳房胀痛、腹胀、浮肿等。一般仅出现这些症状中的一种或数种，但比较轻微，仅少数人症状严重，影响生活和训练。经前期紧张综合征的原因尚不清楚。有学者认为与精神因素有关，也有学者认为与体内雌激素/孕激素的比值升高有关。症状一般于月经来潮前7～14天开始出现，经前2～3天加重，行经后症状消失或明显减轻。据近年来的研究报道，月经失调在运动员中较为常见，特

别是在进行大运动量时。非运动员的月经失调发生率为13.2%，而运动员为54.5%，且多发生于优秀运动员。

4. 女子月经期体育卫生

女性经期参加体育运动时应注意采取适当的保护措施及调整运动量：

（1）经期应避免过冷、过热的刺激，特别是下腹部不宜受凉，以免引起痛经或月经失调等。应允许女运动员在训练和练习时穿棉织运动长裤。

（2）经期的第一、二天应适当减少运动量及运动强度，运动时间也不宜过长。特别是月经初潮不久，周期尚不甚稳定的女少年运动员更应注意，否则可造成月经失。

（3）经期不宜从事剧烈运动，尤其是震动强烈、增加腹压的动作，如跳跃、高抬腿、多级跳、蛙跳、速度冲刺及耐力长跑等练习，以及负荷过大的力量训练。一般的力量训练仍可进行。

5. 月经期的训练和比赛

（1）运动年限长，训练水平高和经期反应少者，可以参加训练和比赛，一般80%无不良影响。

（2）对月经初潮后1～2年的女少年队员来说，由于卵巢功能发育不完善，月经周期往往不规则，并且容易受到干扰，所以应适当减少运动强度和运动量；如果月经正常，健康状况良好，则1～2年内可逐步加大运动量，养成经期训练的习惯，从而保证系统的训练。

（3）每个运动员的周期反应有较大的个体差异。因此，对经期的训练内容要区别对待，如有些运动员经期反应较大，注意力不易集中，在训练中，应降低对素质训练、技术训练以及战术训练的难度要求。教练员要掌握自己队员的经期情况，以便作出适当的训练安排。

（4）经期能否参加训练和比赛，应根据女运动员月经期的情况而定，正常型者如训练情况好，可以参加训练和比赛；抑制型和兴奋型在做好准备活动后也可参加，有些兴奋型者经期运动成绩比平时还好；病理型者应禁止参加训练和比赛。

6. 人工月经周期

对于不习惯经期参加比赛的运动员，可用内分泌制剂提前或错后月经期，人为地形成卵巢子宫内膜的周期性变化，称为“人工月经周期”，这样可使运动员不受月经期身体不适的影响而参加比赛。人工月经周期可分为提前和推迟行经日期两种方法。

（1）提前行经日期法。即在卵泡发育期用黄体激素制剂抑制排卵，形成卵巢黄体期子宫内膜变化；或在排卵进入黄体期后用大量的黄体激素制剂刺激子宫内膜，停药后引起撤药性出血，后者可避免影响排卵。此法可使运动员在赛前1周进行适应训练，身体处于比较好的竞技状态，有利于参加比赛。

① 由月经周期的第15天开始，每日肌肉注射黄体酮10毫克和己烯雌酚1毫克，连续注射5天。停药后2～5天行经。

② 由月经周期的第15天开始，口服安宫黄体酮片，每日3次，每次2片(4mg)，连服5天，停药后2～5天行经。

③ 由月经周期的第5天开始，每日服复方甲地孕酮1片，连服15天，停药后2～5天可行经。

（2）推迟行经日期法。即用黄体激素制剂，使卵巢的黄体期延长，以推迟行经日期。

① 由赛前末次月经的第15天开始，每天口服18-甲基炔诺酮1片，连服18天，停药后第二天即可行经。

② 月经来潮前6～7天开始服安宫黄体酮片，每天3次，每次2片，一直服到月经来潮前2天。停药后第二天即可行经。上述方法多用于月经周期较为规律的运动员，而对月经周期不规律者，可在赛前25天服18-甲基炔诺酮，每天1片，连服10天，停药后第二天常可来月经。

（3）注意事项

① 提前法和推迟法的选用应依比赛的时间和运动员身体反应情况而定。如经前期紧张反应较严重的运动员，应尽量选择提前法。

② 实行人工月经周期，应在医生指导下进行。使用前应对运动员的健康状况、月经周期、行经情况以及比赛日期的要求等做详细的分析，仔细安排，避免仓促进行。

③ 人工月经周期是人为打乱正常月经规律，不宜经常采用，更不可盲目滥用，最多连续用两个周期，一年最多用3次。特别是对月经紊乱月经初潮不久的青春期的运动员要特别慎重，加强医务监督，并观察远期效果。

第六章 冰雪运动综合性赛事的医疗保障运行

第一节　整体医疗卫生保障运行

一、工作的总体原则

冰雪运动综合性赛事医疗保障工作应遵循“统一领导，分级管理”的基本原则，以维护和保障参赛人员身体健康为中心，做到指挥得力、安全有效、反应快捷、救治迅速、转运及时，为赛事提供高标准、高质量、高效能的医疗卫生服务保障，确保比赛取得圆满成功。

二、主要工作任务

主要工作任务包括：医疗救援工作；赛事期间医疗卫生保障以及突发公共卫生事件应急处置的有关准备工作；突发公共卫生事件和意外灾难性事故应急处置；饮用水和公共场所卫生安全，传染病防控；赛事现场医疗卫生保障工作的检查指导，对各类可能引发疾病、食物中毒和公共卫生事件的情况及时分析、预警，做到早发现、早报告、早处理；对可能发生的意外伤害事件，制定紧急医疗救援预案，保障赛事顺利进行。

三、医疗保障的组织机构及职责

一般医疗保障工作至少应分为6个工作组。

（一）医疗救援组

抽调能够满足赛会急救要求的各医疗卫生机构医疗骨干组成医疗救援组，分设驻地医疗组、现场救护组、应急救护组。

1. 比赛筹备期间工作任务

（1）制定医疗救治工作实施方案和重大突发医疗事件的应急预案。

（2）举行医疗救治培训、演练。成立医疗保障队，组织医疗保障人员培训、重点进行运动创伤急救培训。开展医疗流程演练，现场急救、途中转运、医院救治、驻地医疗服务。

（3）确定比赛定点医疗机构及指定急救中心。

（4）定点医院建立绿色诊疗通道，设立专用门诊和专用病房，救护车可直接将伤病员送至专用门诊，各检查科室优先安排伤病员检查，为伤病员提供全程优质服务。安排值班和预备队人员，做好随时准备。

（5）在比赛场地设立赛会医疗站。

（6）在驻地宾馆设立驻地医疗站。

2. 比赛期间工作任务

（1）赛场医疗。赛场医疗救护不仅面向运动员、教练员、裁判员和来宾、媒体及有关服务人员、工作人员，也面向场地内观众。

在比赛场地附近设立赛会医疗站，承担现场医疗救护任务，配备抢救器械和药品，以保证能开展心肺复苏、外伤处置、清创缝合、骨折固定急救处置工作等。按照组委会要求在各比赛项目线路沿途事故高发路段配备医护人员，跟踪保障，当运动员发生意外时，立即进行急救处置，对病情危重的伤病员，就地组织抢救或急救处置后转送至现场急救医疗中心（或医用房车）施行临床检查和基本急救手术等，待病情稳定后及时转送指定医院救治，并保持与中心血站的联络，随时满足伤者输血的需求。

每个比赛场地旁至少安排2台救护车比赛全时段待命，还需留有机动后援救护车，所有车辆均配备急救药品和设备，等待接诊比赛现场转送来的伤病运动员，对病情严重者由现场救护车在医护人员的监护下送达指定医院救治。定点医疗机构或急救中心救护车在现场保障。

（2）驻地医疗。按照组委会的医疗工作要求，在赛事驻地宾馆设立驻地医疗站，配备内科、外科医生和护士，提供常规药品和医疗器械，当运动员发生伤病时及时诊疗，病情严重者由救护车送达指定医院诊治。

（二）医疗保障技术专家组

成立医疗保障专家团队，由三级甲等综合性医院及相关医疗机构抽调运动创伤科、骨科、外科、内科、护理等医疗专家组成。负责实施和指导赛会医疗救治工作。

（三）卫生监督组

一般由卫生监督机构相关人员组成。负责赛会期间的公共场所卫生和食品、饮用水监督工作，防止食物中毒及其他食源性疾患等公共卫生事故的发生。

按照全程监管、严格监督的原则，全面开展比赛场地、接待宾馆、酒店、社会餐饮业以及城市运行部分公共卫生保障工作，最大限度的防范赛事运行中公共卫生安全方面存在的隐患，确保各项赛事的顺利进行。

（四）突发事件应急保障组

由卫计委相关领导牵头，完善相关突发事件应急预案，做好各项应急准备工作。

有效预防、及时控制比赛期间突发公共卫生事件，规范和指导应急处置工作，最大限度地预防和减少突发公共卫生事件对参加赛会各类人员身体造成的伤害，保障公众的身心健康与生命安全，确保比赛顺利进行，维护社会的正常秩序。

（五）传染病防控组

由当地疾病预防控制中心具体落实，做好传染病评估和防控工作，确保赛事期间传染病疫情防控。

加强传染病预防控制工作，确保传染病疫情平稳，不发生重大传染病暴发流行；重点控制鼠疫、霍乱、人感染高致病性禽流感、非典、伤寒、不明原因以及输入性疾病等容易造成人际传播的传染病暴发流行；在赛会期间，预防和控制在运动员、教练员、裁判员和来宾、媒体及有关服务人员、工作人员、观众中发生传染病流行，保障参加赛会各类人员的身体健康，确保赛会顺利进行。

（六）综合协调组

由赛事主办方委托相关机构组建组委会医疗部办公室全面负责并落实各项工作。

负责比赛期间医疗卫生服务保障工作的信息综合、报送工作。衔接组委会医疗部各项工作事宜，加强各医疗组之间及与各相关单位的联系。协调解决赛事筹备和运行工作中出现的各类相关问题，推进落实赛事各项工作。

四、医疗保障运行的要求

1. 医疗保障服务

（1）驻地日常医疗保障。一是赛会期间，选派医护人员到赛会驻地宾馆驻会，全天24h为参会人员提供医疗保障服务。参会人员可随时到驻会医生处问诊、取药，方便快捷。二是充分发挥驻地医疗站的作用，医务人员要备齐备好常用药品和设备，保证参会人员常规诊疗。

（2）比赛场地的医疗保障。各比赛场地均设立医疗救护站，以运动员为主要服务对象，并兼顾工作人员和赛场观众。每个医疗站设负责人1名，负责医疗服务、运动员急救、药品使用管理、救护车调配。

各医疗站根据比赛场地实际情况及医疗工作需要，沿途设置4～6处场边医疗点，每处医疗点配备运动创伤科医生、翻译各1名及2名担架员。设两处流动医疗站，配备骨科、外科、内科、护理人员，配置心电监测机、除颤器、吸痰器、简易呼吸球囊等常用抢救器材和药品，开展外伤处置、清创缝合、骨折固定等医疗救护工作。

举行开闭幕式时，主会场设2个场边医疗点，3辆救护车场外待命。

（3）医疗急救。在比赛场地安排足够的救护车和医护人员现场待命，保证第一时间内开展抢救工作。同时，指定医院24h处于应急状态，保证急救“绿色通道”的畅通无阻。

（4）加强急诊的协调和紧急处理工作。建立医疗服务联系，指定医疗单位24h值班，值班人员严格遵守岗位责任制和首诊医师负责制。指定一名工作人员为联络员，具体负责赛会期间医疗卫生服务的组织协调及突发事件的紧急处理工作。

2. 卫生监督

（1）监督检查。派出食品卫生监督员，对指定接待宾馆、酒店及社会餐饮业的食品卫生、餐厅工作人员持证上岗情况进行全面检查，直接接触食品的从业人员必须持有有效健康体检证明，对存在的问题督促整改，发现问题及时解决处理。赛会期间，成立食品卫生监督巡回小组，对接待单位、社会餐饮的食品卫生分片包干，巡回检查，确保比赛期间接待单位饮食和公共餐饮的卫生安全。对运动员入住和比赛场所公共卫生进行监督检查，达到公共场所卫生标准要求。

（2）落实责任。一是赛会期间，派食品卫生监督员到重点接待宾馆驻会，专人负责，对加工好的食品留样及对每餐的用料、加工过程进行现场监督。二是督促接待宾馆加强从业人员的卫生知识培训工作，提高卫生意识和责任意识。三是加强监督执法检查，全面落实各项卫生管理制度和卫生措施，消除各种卫生安全隐患，确

保不出任何纰漏。

3. 疫情防治工作

有接待任务的宾馆等餐饮服务单位，要制定传染病防治方案，明确责任人，做好房间通风和物品的消毒工作；做好入住客人身体健康状况的查询工作，发现有发烧、咳嗽、呼吸困难、腹泻等传染病可疑症状者，由接待单位负责安排到就近的医疗机构感染性疾病科进一步诊治；实行传染病疫情随时报告制度，一旦发现传染病疫情立即报告，根据情况启动相应传染病防治预案。

4. 卫生应急工作，妥善处置突发疑似公共卫生事件

（1）制订《突发公共卫生事件应急预案》，并组织实施。

（2）组建医疗卫生救援专家队伍和医疗救治、疾病控制、卫生监督等应急处置队伍。

（3）做好突发公共事件医疗卫生救援的准备工作，指定医院做好人员、床位、医药物资储备等方面的准备。

（4）接到突发疑似公共卫生事件报告后，即时了解事件的相关信息，经核实，第一时间电话报告组委会现场总指挥部，按照总指挥部的指示开展工作。

（5）当确定发生突发公共卫生事件后，按照现场总指挥部的指示开展工作，具体程序按《突发公共卫生事件应急预案》要求采取相应措施。

第二节　突发公共卫生事件应急预案

为有效预防、及时控制赛事期间突发公共卫生事件，规范和指导应急处置工作，最大限度地预防和减少突发公共卫生事件对参加赛会各类人员造成的伤害，保障公众的身心健康与生命安全，确保比赛顺利进行，维护社会的正常秩序，应制定公共卫生事件应急预案。

一、适用范围

预案适用于比赛期间，在赛区和驻地范围内突然发生，造成或者可能造成社会公众身心健康严重损害的重大传染病、群体性不明原因疾病、重大食物和职业中毒以及其他严重影响公众身心健康的公共卫生应急事件。

二、工作原则

（1）预防为主，常备不懈。贯彻“预防为主，常备不懈”的方针，提高全社会对比赛期间突发公共卫生事件的防范意识，落实各项防范措施。对各类可能引发突发公共卫生事件的原因开展有效监测，及时进行分析、预警，做到早发现、早报告、早处置。

（2）统一领导，分级负责。根据突发公共卫生事件的范围、性质、危害程度和所需动用的资源，实行统一领导、分级管理、分级响应、分级设定和启动比赛应急预案。

（3）依法防治，措施果断。按照相关法律、法规和规章，完善突发公共卫生事件应急预案，建立健全突发公共卫生事件应急处理工作制度，对比赛期间突发公共卫生事件和可能发生的突发公共卫生事件做出快速反应。

三、突发公共卫生事件的分级

按照突发公共卫生事件的性质、危害程度、涉及范围，为便于统一指挥和分级负责，将突发公共卫生事件分为特别重大突发公共卫生事件（Ⅰ级）、重大突发公共卫生事件（Ⅱ级）、较大突发公共卫生事件（Ⅲ级）、一般突发公共卫生事件（Ⅳ级）四个级别。为确保迅速有效控制突发公共卫生事件，维护社会稳定，可视实际情况相应提高反应级别。

四、组织机构

成立突发公共卫生事件应急指挥中心，负责比赛期间突发公共卫生事件的应急调查处理的组织、领导、协调工作。

五、工作职责

（1）卫生部门：负责突发公共卫生事件的监测与预警、预防性卫生监督监测、应急流行病学调查、传染源隔离、医疗救护、疫点消毒、现场处置、监督检查、监测检验、卫生防护以及有关物资、设备、设施、技术和人才资源的储备工作。

（2）组委会（赛区）：成立突发公共卫生事件应急机构；设立现场医疗服务点，配备必要的检测设备；做好比赛场所的通风和消毒，保证环境清洁卫生；控制人员密度；全力配合卫生部门做好突发公共卫生事件的调查处理工作。

（3）接待宾馆酒店和供餐单位：做好食品的采购、贮存、加工等过程的卫生工作，保证厨房、餐厅、客房、娱乐场所的卫生整洁，严格餐具、场所的消毒制度，加强本单位职工的健康检查和疾病监控，建立每日健康检查制度，服务人员持健康证上岗。

六、监测、预警与报告

除按照上级卫生行政主管部门的统一规定和要求，开展突发公共卫生事件监测、预警与报告外，还必须按照卫生部门的统一部署，开展重点区域、重点疾病和相关因素的主动监测。

（1）突发公共卫生事件的监测与预警。疾病控制机构应根据突发公共卫生事件的类别，制定相应的监测计划，科学分析、综合评价监测数据，结合国内外疫情及举办赛会地区的实际情况，及时发现潜在隐患和可能发生的突发公共卫生事件。

（2）组织机构和人员。各级卫生监督和疾病控制机构、比赛场馆、接待单位应组织成立相应的应急队伍，加强人员的培训和应急演练，实行24h值班制度，保持通讯畅通。

（3）预防性卫生监督监测。卫生部门应根据相关工作方案，做好接待和住宿酒店的卫生监督工作，对各接待宾馆酒店、比赛场馆和为比赛供餐的单位的食品卫生、环境卫生等进行监督监测。供应比赛场馆的矿泉水、桶装水、快餐、食品等需有索证、索票和有资质单位提供的合格检测报告方可进入比赛场馆，并根据实际需要进行抽检。

比赛场馆应制定相应工作方案，根据方案和工作职责做好各项预防工作，必要时对进入比赛场馆的人员进行登记、检疫；密切观察参会人员和本单位员工的身体状况。

（4）医疗救护准备工作。根据赛事规模选定若干家三级或二级以上综合性医院为赛会指定的收治医院,必须预留出足够的病房和床位，承担突发公共卫生事件的临床救治工作。各指定医院要组建由呼吸病、消化道疾病、传染病、外伤、ICU、临床检验等专家组成的医疗救治队伍，由分管业务的副院长担任组长。

卫生行政部门应指派医务人员进驻比赛场馆，设置紧急医疗救助点，并安排急救车辆驻点备勤。

相关医疗卫生机构应配备充足的医疗救治药物和设备、消毒药械、诊断设施和试剂，保证突发公共卫生事件的控制和救治需要。

疾控中心实施每日疫情分析制度，根据相关监测信息，科学研判发展动态，及时做出趋势预测，提出预防控制建议，并及时报告组委会，采取必要的预警措施。预警发布之后，承办赛会的地区及周边区域要做好相关应急人员、技术与物资准备，加强对公众的健康教育与卫生宣传等工作。

严格实行首见报告制度。在比赛期间，任何单位和个人对发生或者可能发生传染病爆发流行、发生或者发现不明原因的群体性疾病、发生或者可能发生重大食物中毒、水污染事件等情况，均应立即向组委会或当地卫生行政部门报告。任何单位和个人均不得隐瞒、缓报、谎报或授意他人隐瞒、缓报、谎报。

七、应急处理

组委会或卫生行政部门接到报告后，应立即组织人员对报告事项调查核实，组织专家对突发公共卫生事件进行分析，判定突发公共卫生事件的类型，启动突发公共卫生事件应急预案。

1. 传染病疫情爆发

（1）流行病学调查。疾病预防控制机构要在最短时间内派出流行病学调查人员，核实诊断，对报告病例进行流行病学个案调查，认真、详细地了解和记录患者发病后到过的地方、乘坐过的交通工具和与其有过密切接触的人员的有关情况，查找传染源和传播途径；追踪和管理病例的密切接触者，防止疾病的进一步传播。

（2）病原学采样和检测。应根据具体情况，及时采集病人咽拭子、漱口液、痰液、吐泻物、便样、尿样、血样等标本进行检验检测。

（3）现场控制和消毒：对传染性疾病病人接触过的房间、会议室、家具、日常用品、床上用品、楼层走道的墙壁、地面和所有公用电梯、楼梯均应及时进行消毒，并根据需要和可能，立即采取停办、闭馆、疏散人员、设置紧急隔离带等措施，防止传染病的进一步传播和蔓延。

（4）病人的隔离和救治。发现疑似传染病病人后，比赛场馆和接待单位的医疗站应立即对其进行初步诊断，对可疑急性传染病病人及其他传染病患者，应立即通知“120”急救车辆将其送往指定医院进行隔离、诊断和治疗，必要时提请专家组进行会诊排查。隔离病区的设置及救治措施按有关规定和规范执行。

（5）接触者的医学观察和隔离。疾病预防控制中心要根据调查获得的与病例接触的方式、频度、场合、场所等详细情况和已经明确的该疾病传播方式和传播特点的有关知识，对接触者受到感染的危险性进行分析和判断，对一般的接触者，要告知注意事项，如有不适，立即到医疗机构就诊；对传染性患者的密切接触者要进行集中隔离和医学观察。病人的密切接触者如已离开本地区，应立即报告上级疾病预防控制中心，同时协助上级疾控机构通知其目的地的相应机构，由到达地负责追踪调查。

2. 重大食物中毒或水污染事件

（1）中毒或污染原因调查判断。卫生监督机构协助疾病控制机构应对中毒患者逐个进行流行病学调查，寻找共同食物或污染源，采集可疑物品进行检验检测，并结合患者症状、体征和临床检验数据，尽快判明中毒或污染原因。

（2）现场应急处理。在经初步调查确认为疑似食物中毒后，卫生监督人员应依

法采取行政控制措施，防止食物中毒继续发生。控制的范围包括可疑中毒食品、原料、污染的工具容器等。对可疑的中毒食物，卫生部门应直接予以销毁，对已售出的中毒食品要责令经营者追回并予以销毁，必要时需报请公安部门采取强制措施。

发生水污染事件时，应配合有关部门尽快确定污染来源、程度和范围，停止自来水供应，向社会和市民发布公告，减少受水污染事件波及和影响的人数，并指导有关部门及时消除污染物。

（3）救治中毒患者。中毒患者原则上就近送往三级或二级以上综合性医院救治，病情较重者由上级卫生行政主管部门组织有关专家对诊治工作进行指导。疾病预防控制机构应在第一时间内将检验结果及造成中毒、污染的可能原因通知临床救治单位，以便及时采取有针对性的治疗手段和措施，全力抢救中毒患者。

3. 急性化学性中毒或放射事故

（1）尽快查明事故原因和毒物，确定事故等级。

（2）采取必要措施，关闭中毒或放射性物质泄漏场所，关闭生产线或整个工厂，疏散周围工作人员和居民，设置紧急隔离带等，控制中毒人数的进一步增加。

（3）全力救治中毒患者。救治原则同上。

（4）发生放射源丢失事件时，应协助公安机关寻找放射源，消除潜在危害。

（5）其他严重影响公众健康的事件：主要任务是协助有关部门判明事件种类，积极抢救受伤人员。

八、应急反应终止与善后处理

突发公共卫生事件应急反应的终止由其相应的启动机构决定，其终止需符合以下条件：事件隐患或相关危险因素消除，或末例传染病病例发生后经过最长潜伏期无新病例出现等。

突发公共卫生事件结束后，卫生行政主管部门组织有关人员对事件的处置情况进行评估。评估内容包括事件情况、现场调查处置情况、伤病员救治情况、所采取措施的效果、应急处置过程中取得的经验、存在的问题及改进建议。并将评估报告上报组委会。

第三节　现场医疗救护工作流程

一、医疗救护原则

严格现场急救“先救命后治伤，先重伤后轻伤，先复苏后固定，先止血后包扎，先救治后搬运”的原则，确保医疗救护及时、有序、高效。赶赴现场的医疗救护人员，由医疗救护领导小组统一指挥，结合实际，划分抢救区域，及时将伤员救出危险区，同时对伤员进行分类处理，迅速判断有无危及生命的紧急情况，进行必要的紧急处理。伤员经现场急救处理后，根据轻重缓急送往指定医院进一步救治。接受伤员的医院要积极组织力量实施救治，及时完成医疗护理文书，并做好伤员的统计及伤情上报工作。

二、现场救护措施

（1）现场裁判发出发生事故指令标志，停止比赛。

（2）由距离伤员最近的医疗人员迅速前往，首先对伤员进行检伤分类和伤情评估。

（3）救援人员立即采取必要的急救措施。

（4）救护注意事项：

① 要求救护工作人员保持冷静，明确分工，如需转运伤员，沿场边医疗点顺序转运，各医疗点医生交接后依次补位。

② 运送伤员首先要考虑避免伤者再度（或加剧）受伤，除非伤员有生命危险，否则对伤员的进一步处理应在运离赛道现场后再进行。

③ 运送过程中应及时与赛会医疗负责人及接收部门或医疗机构联系并简单说明伤情。

三、到达指定医院后医疗救护流程

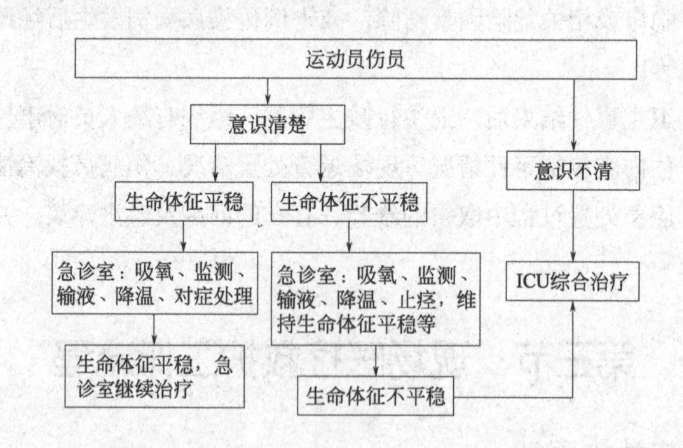

参考文献

[1] 王予彬，王慧芳．运动损伤康复治疗学．北京：人民军医出版社，2009年．

[2] 王和鸣，黄桂成．中医骨伤科学．北京：中国中医药出版社．北京：2012年．

[3] 王庆甫．中医筋伤学．北京：中国中医药出版社，2014年．

[4] 北京市红十字会．急救手册（初级）．北京：北京教育出版社，2009年．

[5] Roald Bahr,Sverre Maehlum.运动损伤临床指南．北京：人民体育出版社，2007年．

[6] 张笃超，李湘奇，运动损伤康复学．北京：人民军医出版社，2008年．

[7] 杨忠伟，李豪杰．运动伤害防护与急救．北京：高等教育出版社，2015年．

[8] 曲绵域，于长隆．实用运动医学(第4版)，北京大学医学出版社，2003年．